蠹鱼文丛

策划组稿：夏春锦
周音莹
篆　　刻：寿勤泽

周立民 著

老派：閑話文人舊事

浙江古籍出版社

图书在版编目(CIP)数据

老派：闲话文人旧事 / 周立民著 . — 杭州 : 浙江古籍出版社，2020.7（2022.7 重印）

（蠹鱼文丛）

ISBN 978-7-5540-1766-1

Ⅰ. ①老… Ⅱ. ①周… Ⅲ. ①文人—生平事迹—中国—现代 Ⅳ. ①K825.4

中国版本图书馆CIP数据核字（2020）第114081号

老派：闲话文人旧事

周立民 著

出版发行 浙江古籍出版社

（杭州市体育场路347号 邮编：310006）

网 址 www.zjguji.com

责任编辑 刘 蔚

文字编辑 孙科镂

整体装帧 吴思璐

责任校对 吴颖胤

责任印务 楼浩凯

照 排 浙江时代出版服务有限公司

印 刷 永清县晔盛亚胶印有限公司

开 本 787 mm × 1092 mm 1/32

印 张 9.5 插 页 8

字 数 165千字

版 次 2020年7月第1版

印 次 2022年7月第4次印刷

书 号 ISBN 978-7-5540-1766-1

定 价 48.00元

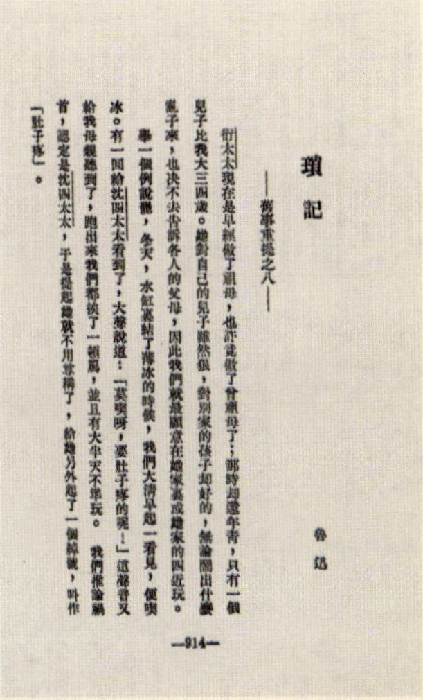

瑣記

——舊事重提之八——

魯迅

衍太太現在是早經做了祖母，也許竟做了曾祖母了；那時卻還年青，只有一個兒子比我大三四歲。她對自己的兒子雖然狠，對別家的孩子卻好的，無論鬧出什麽亂子來，也決不去告訴各人的父母，因此我們就最願意在她家裏或她家的四近玩。

舉一個例說罷，冬天，水缸裏結了薄冰的時候，我們大清早起一看見，便喫冰。有一回給沈四太太看到了，大聲說道：「莫喫呀，要肚子疼的呢！」這聲音又給我母親聽到了，跑出來我們都挨了一頓罵，並且有大半天不准玩。我們推論禍首，認定是沈四太太，于是提起她就不用尊稱了，給她另外起了一個綽號，叫作「肚子疼」。

—914—

鲁迅在 1926 年 11 月 25 日《莽原》第 22 期上发表《琐记》一文

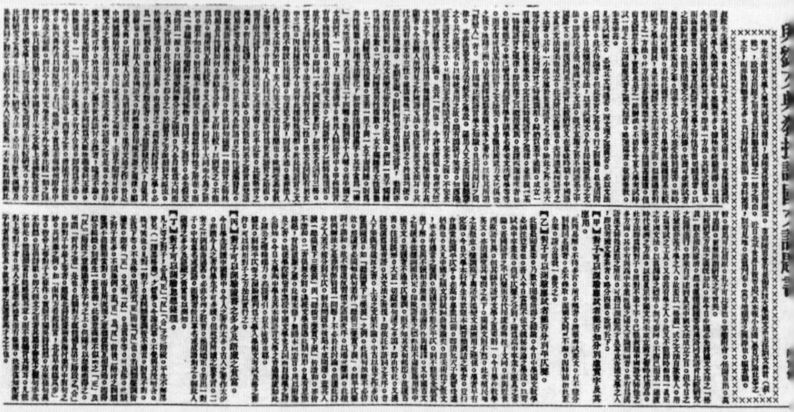

陈寅恪在 1932 年 9 月 5 日《大公报·文学副刊》上发表《与刘文典教授论国文试题书》

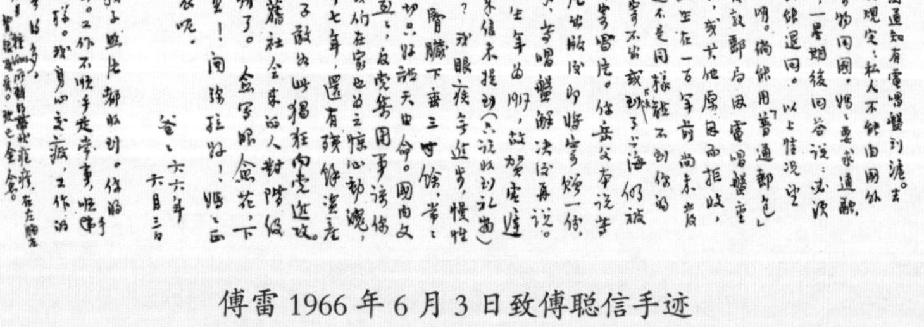

傅雷 1966 年 6 月 3 日致傅聪信手迹

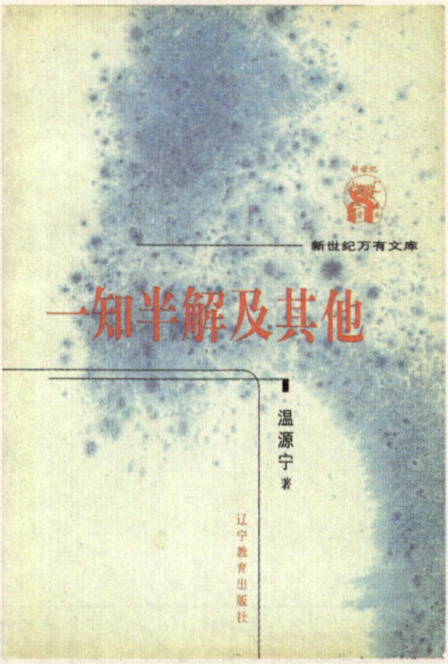

《一知半解及其他》《吴宓书信集》以及《吴宓日记》书影

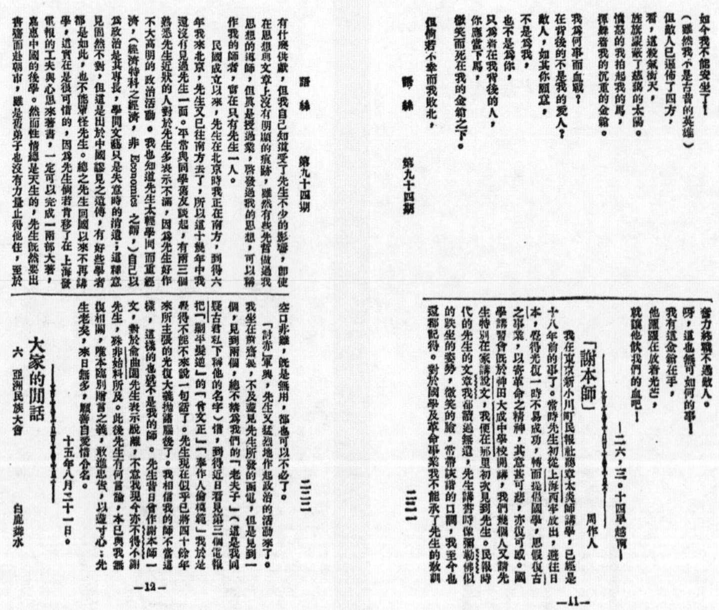

如今我不能安坐了！
（雖然我不是古昔的英雄）
但敵人已遍佈了四方，
看，這殺氣衝天，
旌旗蒙蔽了慈藹的太陽。
憤怒的我拍起我的馬，
揮舞着我的沉重的金鎗。
我為何事而血戰？
在背後的不是我的愛人？
敵人，如其你願意，
不是為我，
也不是為你，
只為着在我背後的人，
你應當下馬，
微笑而死在我的金鎗之下。
但倘若不幸而我敗北，
奮力終戰不過敵人。
呀，這也無可如何的事！
我有這金鎗在手，
他顯躍在放着光芒，
就讓他飲我們的血吧！

—二六，三。十四早越雨—

「謝本師」

周作人

我在東京新小川町民報社聽章太炎師講學，已經是十八年前的事了。當時先生初從上海西牢放出，避往日本，覺得光復一時不易成功，轉而提倡國學，思假復古之事業，以寄革命之精神，其意甚可悲，亦復可感。國學講習會既於神田大成中學校開講，我們幾個人又請先生特別在家講說文，我便在那里初次見到先生。民報時代的先生的文章我都讀過無遺，先生講書時像彌勒佛似的趺坐的姿勢，微笑的臉，常帶詼諧的口調，我至今也還都記得。對於國學及革命事業我不能承了先生的教訓

有什麼供獻，但我自己知道受了先生不少的影響，即使在思想與文章上沒有明顯的痕跡，雖然有些先哲做過我思想的導師，但真是授過業，啟發過我的思想，可以稱作我的師者，實在只有先生一人。

民國成立以來，先生在北京時我正在南方，到得六年我來北京，先生又已往南方去了，所以這十幾年中我還沒有見過先生一面。平常與同學舊友談起，有兩三個熟悉先生近狀的人對於先生多表示不滿，因為先生好作不大高明的政治活動。我也知道先生太輕學問而重經濟，（經濟特科之經濟，非 Economics 之謂，）自己以為政治是其專長，學問文藝只是失意時的消遣；這種意見固然不對，但這是出於中國謬見之遺傳，有好些學者都是如此，也不能單怪先生。總之先生回國以來不再講學，這實在是很可惜的，因為先生倘若肯移了在上海發電報的工夫與心思來著書，一定可以完成一兩部大著，嘉惠中國的後學。然而性情總是天生的，先生既然要出書齋而赴朝市，雖是舊弟子也沒有力量止得他住，至於空口非難，既是無用，都也可以不必了。

「討赤」軍興，先生又猛烈地作起政治的活動來了。我坐在煎齋裏，不及盡見先生所發的函電，但是見到一個，見到兩個，總不禁為我們的「老夫子」（這是我同疑古君私下稱他的名字）惜，到得近日看見第三個電報把「剿平發逆」的「曾文正」「奉作人倫模範」，我於是覺得不能不來說一句話了。先生現在似乎已將四十餘年來所主張的光復大義拋諸腦後了。我相信我的師不當這樣，這樣的也就不是我的師。先生昔日曾作謝本師一文，對於俞曲園先生表示脫離，不意我現今亦不得不謝先生，殊非始料所及。此後先生有何言論，本已與我無復相關，唯本臨別贈言之義，敢進忠告，以盡寸心：先生老矣，來日無多，願善自愛惜令名。

十五年八月二十一日。

大家的閒話

六　亞洲民族大會　　白鹿舞水

周作人在 1926 年《语丝》第 94 期上发表《谢本师》一文

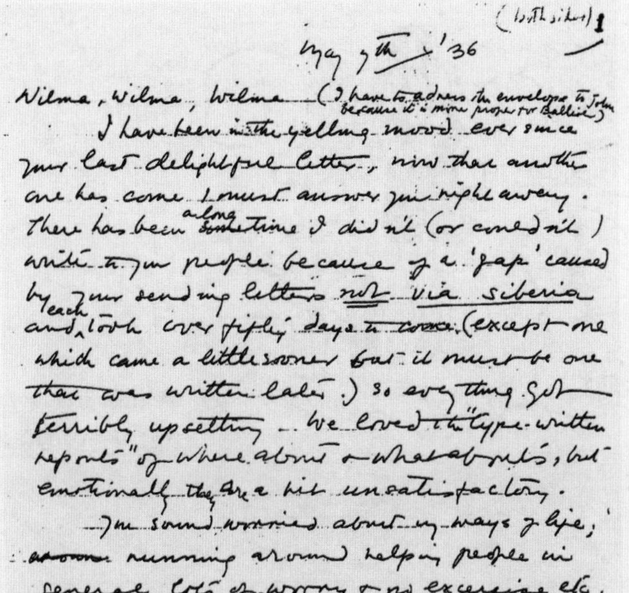
(both sides) 1

May 7th '36

Wilma, Wilma, Wilma — (I have to adress the envelope to John because it is more proper for Ballie)

I have been in the yelling mood ever since your last delightful letter, now that another one has come I must answer you right away. There has been a long time I did n't (or could n't) write to you people because of a 'gap' caused by your sending letters not via Siberia and each took over fifty days to come (except one which came a little sooner but it must be one that was written later.) So everything got terribly upsetting. We loved the "type-written reports" of where abouts & whatabouts, but emotionally they are a bit unsatisfactory.

You sound worried about my ways of life; running around helping people in general, lots of worry & no excercise etc. Well, sometimes nothing can be done, it is almost fatal I should slave & waste myself on trash always, till — I mean unless circumstance itself take mercy on me & change. So far the circumstance is none too good for Phyllis the individual, though very smooth for the same person in all the capacities as a family member. The weather is glorious everybody has room repapered, refurnished decorated to resume life in better shape let me give you a picture to show how it is.

林徽因 1936 年 5 月 7 日致费正清、费慰梅信手迹

翻译家黄嘉音（1913—1961）所作《老舍海浴图》

1938年10月1日《少年读物》第3号巴金《在广州》一文的插图

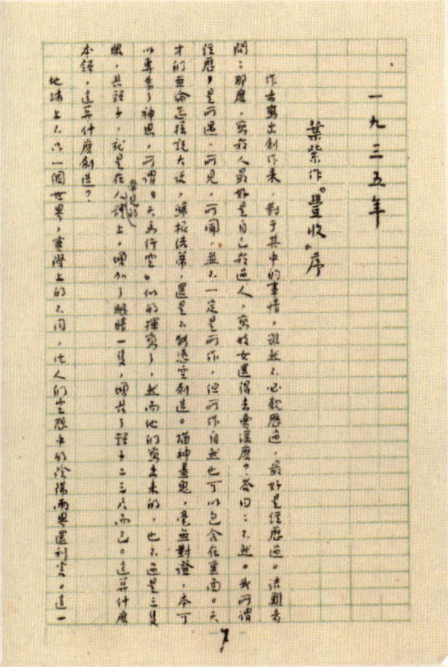

一九三五年

葉紫作《豐收》序

作者寫出創作來，對於其中的事情，雖然不必親歷過，最好是經歷過。詰難者問：那麼，寫殺人最好是自己殺過人，寫妓女還得去賣淫麼？答曰：不然。我所謂經歷，是所遇，所見，所聞，並不一定是所作，但所作自然也可以包含在裏面。天才們無論怎樣說大話，歸根結蒂，還是不能憑空創造。描神畫鬼，毫無對證，本可以專靠了神思，所謂「天馬行空」似的揮寫了，然而他們寫出來的，也不過是三隻眼，長頸子，就是在常見的人體上，增加了眼睛一隻，增長了頸子二三尺而已。這算什麼本領，這算什麼創造？

地球上不只一個世界，實際上的不同，比人們的空想中的陰陽兩界還利害。這一

7

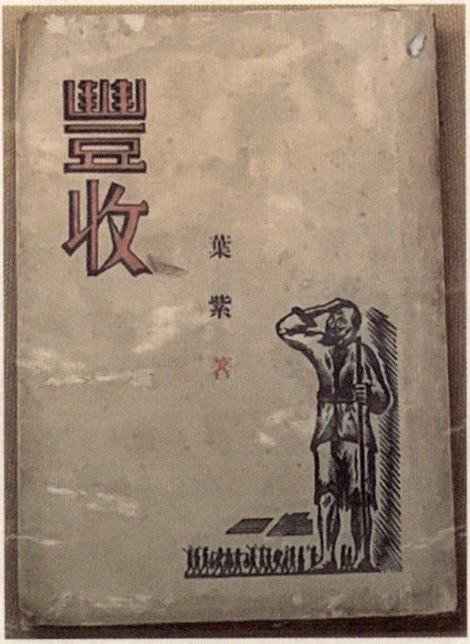

鲁迅为叶紫小说《丰收》所写的序手迹和《丰收》（奴隶社 1935 年初版）书影

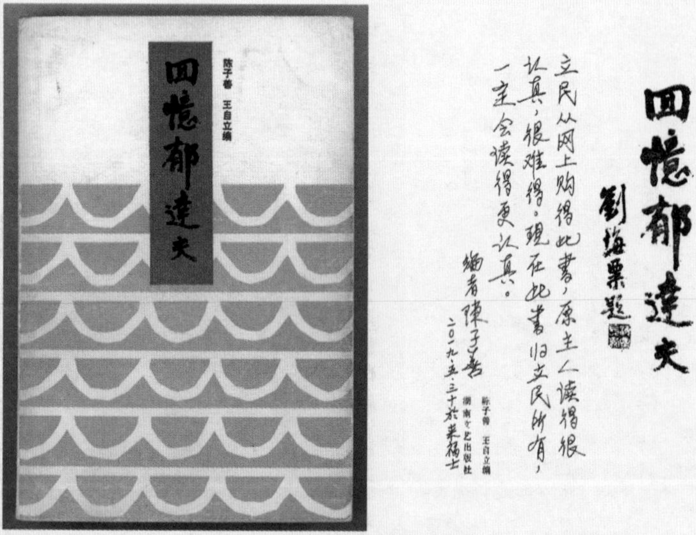

陈子善、王自立编《回忆郁达夫》（湖南文艺出版社 1986 年 12 月版）书影

溫沙滲的地帶；所以搜掘原人遺骸，縱假晰室穿針了

這種的搜掘，和悲虎卵的的發現，有同一的價值，——但這也很僥倖了。我們希望着，來春繼續我們的工作，務將人類祖先深藏蒙地的骸骨，搜掘出來，供獻給大家。

（原文見美國亞細亞雜誌）

專件

徵譯詩啓

（此篇本登昨天文學旬刊，因稿件過多，故移登於此。）

我們都承認短的抒情詩之可愛；我們也知道眞純的抒情詩才（Lyrical genius）之希罕：——誰不曾見過野外的草花，但何以華茨華士的『野水仙』獨傳不朽，誰不曾聽過空中的鳥鳴，但何以雪萊的『雲雀歌』最享殊名，誰不曾見過燕子的飛舞，但何以只有譚宜生與史溫龐能從這樣尋常的經驗裡紬出異常的情調與音響？（Tennyson：,,O Swallow, Swallow, flying, flying south；Swinburne：,,Itylus”）華茨華士見了地上的一顆小花，止不住驚訝與讚美的熱淚；我們看了這樣純粹的藝術的結晶，能不一般的驚訝與讚美？詩人藍濤(Savage Landor)說我們人只是風與氣，大海與大地所造成的；我們不應得說我們可貴的性靈的生活大半是詩人與藝術家的厚惠？『詩是最高尙最愉快的心靈經歷了最愉快最高尙的俄頃所遺留的痕跡』：但這痕跡是永久的，不可磨滅的；如其我們應得用愛賞文學的熱心，研究古宗教的典籍，我們正應得預備宗教的虔誠，接近偉大的藝術的作品，不論是古希殘缺的影像，貝德花芬斷片的音樂，或兩茨與雪萊的短歌。因爲什麼是宗教只是感化與解放的力量；什麼是文藝只是啓示與感動的功能；在最高的境界，宗教與哲理與文藝無區別，猶之在詩人最超軼的想像中美與眞與善，亦不更不辨涯涘。

「最高尙最愉快的心靈的最愉快最高尙的俄頃的蹤跡」，是何等的可貴與可愛！我們相信凝著想像的同情與黽勉的心力可以領悟事物的眞際，融通人生的經驗，體會創造的幾微；我們想要徵求愛文藝的諸君，曾經相識與否，破費一點工夫，做一番更認眞的譯詩的嘗試：用一種不同的文字，譯來最純粹的靈感的印蹟。我們說「更認眞的」；因爲膚淺的或疏忽的甚至褻瀆的譯品我們不能認是滿意的工作；我們也不盼望移植鉅製的勇敢；我們所期望的是要從認眞的翻譯研究中國文字解放後表現緻密的思想與有法度的聲調與音節之可能；研究這新發現的達意的工具究竟有什麼程度的彈力性與柔韌性與一般的應變性；究竟比我們舊有的方式是如何的各別；如其較爲優勝，優勝在那裏？爲什麼？譬如，蘇曼殊的拜輪譯不如郭沫若的部分的莪麥譯，（這裏的標準當然不是就譯論譯，而是比照譯文與所從譯）；爲什麼舊詩格所不能表現的意致的聲調，現在草創時期的新體即使不能滿意的，至少可以約略的傳達？如其這一點是有憑據的，是可以共認的，我們豈不應該依着新開闢的途徑，憑着新放露的光明，各自的同時也是共同的致力，上帝知道前面沒有更可喜更可驚更不可信的發現！

我現在隨便提出三四首短詩，請你們願意的先來嘗試，譯稿（全譯不全譯隨便）請於一月內寄北京西單石虎胡同七號，或交王劍三君亦可。將來或許有極薄的贈品，但也或許沒有。譯稿選登『小說月報』或文學旬刊。我還得聲明我並不敢僭居『主考』的地位，將來我想請胡適之先生與陳通伯先生做『閱卷大臣』，但也不曾定規，總之此次徵譯，與其說是相互競爭，不如說是共同研究的性質，所以我們同時也歡迎譯詩的討論。

徐志摩敬啓

徐志摩在 1924 年 3 月 22 日《晨报副镌》上刊登的《征译诗启》

曹禺在 1958 年《文艺报》第 19 期发表《必须减低稿费和上演报酬》一文

《做知识分子的老婆》（贾植芳先生2003年3月自印本）书影

《家书——巴金萧珊书信集》（浙江文艺出版社1994年10月版）书影

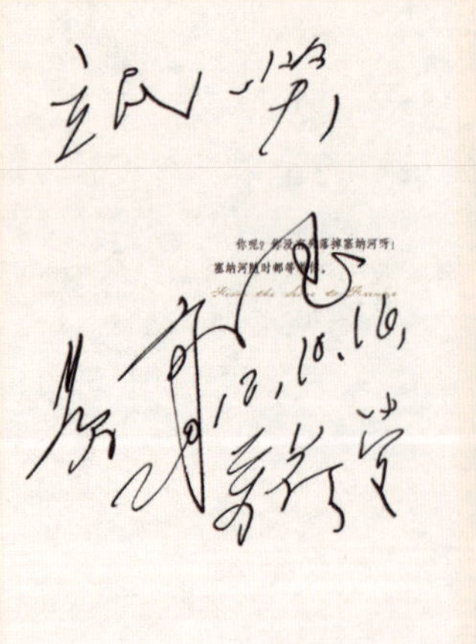

黄永玉《沿着塞纳河到翡冷翠》（作家出版社 2006 年 11 月版）书影

目录

下编 自尊

小引

1931年春天，朱自清与陈竹隐正在恋爱中。那一年，他不过三十三四岁，正当盛年，可是，文字中已经有遮不住的中年的颓唐。四年前，他写《荷塘月色》，那种朦朦胧胧的彷徨和愁绪，已经不再属于血气方刚的青年人；三年前，他写《背影》，分明是一个中年人的叹息和对人生的理解；两年前，发妻武钟谦去世，留下五个孩子，生活的打击击碎了他的欢颜。或许，那一代人都少年老成吧，他的老师周作人，当年也是迫不及待地就成了“知堂老人”。

人是复杂的，恋爱中的人却很单纯。我在朱自清给陈竹隐的信中，看到回光返照的青春。他谈天，谈雨，谈梦，谈月色，谈花开，一下子抒情气息就浓郁了：

> 星期日起，天下黄雨。院子里堆积的土足够一分厚，很可看。白天看，满空黄濛濛的，更有意思。我喜欢晴，也喜欢沉阴，也喜欢黄雨的日子，你说我的嗜好多矛盾啊！

此处山桃已半开，昨天薄暮，匆匆一观。在满目萧条中，有这碎玉似的繁花，觉得眼界一新，但终嫌有些不调和。我宁喜欢高柳上的青青的芽，远望像滴得下来的那颜色那风味，教人像做着一个短短的甜梦。（朱自清 1931 年 3 月 31 日致陈竹隐，《朱自清全集》第 11 卷第 24—25 页，江苏教育出版社 1998 年 3 月版）

这两晚月色甚佳。本想看看月下的山桃花，但也懒及没有去。（朱自清 1931 年 4 月 2 日致陈竹隐，同前，第 25 页）

陈竹隐比朱自清小六岁，那一年，在做家庭教师，年龄的差距让朱自清更年轻，也渐渐不再矜持。这些文字恬淡、甜蜜，有一种花香气息扑面而来，读来让人怦然心动。

这是读书中常遇到的事情，我留恋于这些细节，不想忘却；或有所感触，想要倾诉，于是，我就写一点读书札记。我的读书和兴趣范畴不外乎文人和他们的著作，这些札记积累起来就成了《老派：闲话文人旧事》。本书着眼于“老派”，意在从他们这些生活和写作的细节、琐事中挖掘史料、发扬精神，这种精神是一种坚持、一种操守，是一种韧性和努力，是一种为了真理而追求、奋斗的勇气。当然，我也看重文人的情趣，比如欣赏雨，看看花，悄悄地讲一点情话。

读书是一件有趣的事情，有趣在由书到人，再由人到书，到更广阔的天地，我们在其中不断地自由穿行，无比惬意，也无比增益。古人云，“独乐乐不如众乐乐”，那么，就把这些笔记整理出来，与大家分享，愿您也喜欢。

2020 年 5 月 18 日零点后于上海

上编　同学少年

华盛顿是什么东西呀

1927年，未来的诗人王辛笛（当时，他的名字叫王馨迪）要转到南开中学插班读初三。在这之前，他读的几乎都是旧式私塾，从《三字经》《百家姓》到四书五经，只有1925年短暂地进过英国教会在天津办的一所书院，除了英文，学的还是老一套。然而，1927年，已是民国十六年，胡适之一班人扯起"文学革命"的大旗已哗啦啦飘了十年。南开中学是得风气之先的新文化运动的桥头堡，王辛笛不免担心，他学的那套之乎者也通不过考试：

> 我从小读古书，能写文言作旧诗，却不会写白话文，很担心南开中学的入学考试用白话作文，父亲安慰我说，白话文最容易写了，不就是在句尾多加上些"呢""啦""吗""啰"之类的语助词嘛！当时应考者百余名。考完后我沮丧地回了家，我答不出试卷中的一道问答题：《呐喊》的作者是谁？父亲在满屋子的线装书里翻阅，终

> 于查到“呐喊”是明代将领戚继光所著兵书的一章内容。父亲连声感叹新式学堂考题如何出得这么冷僻。而我则对父亲的渊博学识钦佩不已。（王辛笛：《少年读书乐》，《辛笛集·长长短短集》第194页，上海人民出版社2012年10月版）

直到入学，辛笛才清楚，他和父亲对于新文学是多么无知。这也能够看出那样新旧交替的时代，教育的斑驳杂陈，新文学的影响力似乎也不像今天的文学史讲得那么玄乎。不过，考试这东西，也没个准儿，你复习得好好的部分，他偏不考，你的知识盲点，反倒就是考题。难怪今天很多人崇拜学霸，在考海里跌打滚爬，回回拿第一，不是神仙就是妖怪。像民国第一才子钱锺书（台湾出过一本书名字就叫《民国第一才子钱锺书》）聪明得像神话中的人物，可尽人皆知，他1929年投考清华大学时，数学考分是见不得人的小媳妇。谣传是0分，爱护丈夫的钱夫人杨绛说是15分。哈哈哈，这与0分有多大区别？！罗家伦校长为此特地召见了钱锺书。相对于“渣”数学，钱锺书的国文和英文很好（他自己说“还可以”）。唉，又是个偏科的孩子。大约校长要勉励他德智体全面发展，语数外齐头并进吧。人们常说，钱锺书是被特招进清华的，而他的传记作者汤晏根据当时的招生原则分析，三主科中有一科成绩在85分以上，一定录取；各科平均分数及格，也合乎录取标准。钱的国文和英文如果是极好，估计达到这个标准是不成问题的。而且，钱才子总体名次也不丢脸，那一年，全国报考清华的有2000多人，录取新生男生174名，女生18名，备取生37名，钱锺书考第57名，怎么说也是第一梯队人才。（汤晏：《一代才子钱锺书》第66页，上海人民出版社2005年5月版）尺有所短，寸有所长，万物不齐，天才也不能幸免。

以考分论英雄，犹如纸上谈兵，未必可靠，学霸也不见得都能成就伟业。相反，很多头顶上放光的人物，考试成绩却只有一根小蜡头那么一点点微光。《呐喊》的作者鲁迅在他的名篇《藤野先生》里写过这样一件事情：在仙台学医时，因为藤野先生曾将解剖学讲义借他抄过，又帮他校正过抄写的讲义，故而有日本同学怀疑，藤野先生在讲义上做了记号，漏了考题给他，才让他取得好成绩。鲁迅感叹："中国是弱国，所以中国人当然是低能儿，分数在六十分以上，便不是自己的能力了：也无怪他们疑惑。"（鲁迅：《藤野先生》，《鲁迅全集》第2卷第306页，人民文学出版社1981年版）这极其容易让人产生错觉，以为鲁迅的成绩不知有多好呢。日本的小林博士，保留了1905年春季升级考试的分数单，列有鲁迅的各项分数：解剖，59.3分；组织，72.7分；生理，63.3分；伦理，83分；

德文、物理、化学均为60分。平均65.5分，在142人中列68名，只能算是一个中等生。（周作人：《鲁迅的青年时代》第35—36页，河北教育出版社2002年1月版）

鲁迅历来都不是学霸。1898年年底，他和二弟周作人去参加县考，放榜时，考的是三图三十七名，周作人是十图三十四名。（周作人：《知堂回想录》第60页，河北教育出版社2002年1月版）“会稽一县的考生总有五百余人，当时出榜以五十人为一图，写成一个圆圈的样子，共有十图左右……而每‘进学’就是考取秀才的定额只有四十名……”（同前，第59页）那一年，会稽共有十一图，也就是说周作人已接近倒数第一那一图，鲁迅也是百名开外。那年考第一的是马福田（马一浮），尽管也是个大名人，但说起对中国现代文化的影响，这个第一名无论如何也难以与周氏兄弟相比。周作人考得糟，那是因为他远远没有大哥用功，他考进江南水师学堂，多半是走后门的结果，这个连他自己也不否认，他有个本家叔祖在学堂管轮堂作监督，他就是奔他去的。莫名其妙的考题，他自己都记不得是怎么答的了，“但是十六日出榜，取了三名，正取胡鼎，我是备取第一，第二是谁不记得了。我颇怀疑我这列了备取第一，是很有情面关系的，论理恐怕还应名落孙山才是呢。”（同前，第105—106页）

在那个时代，无论鲁迅还是周作人，都没有机会接受系统的新学训练，哪怕再用功，半路出家的人也难以名列前茅。在仙台学医的鲁迅，就曾向朋友蒋抑卮大诉学习之苦：“校中功课大忙，日不得息。以七时始，午后二时始竣。树人晏起，正与为雠。所授有物理、化学、解剖、组织、独乙种种学，皆奔逸至迅，莫暇应接。组织、解剖二科，名词皆兼用腊丁、独乙，日必暗记，脑力顿疲。幸教师语言尚能领会，自问苟侥幸卒业，或不至为杀人之医。”（1904年10月8日致蒋抑卮信，《鲁迅书信集》第4页，人民文学出版社1976年版）鲁迅后来弃医从文，固然有疗救国民灵魂的思想动机，但我也疑心，医学这东西，他学得并没有什么劲头。考试不行，未必就意味着不喜欢读书，爱读书、会读书的人，哪怕读的是“旁门左道”，也容易出落成功夫高手。鲁迅自小就是个聪明的孩子，在三味书屋时，学对课，有同学偷看到老师下一次题目是“独角兽”，便私下向鲁迅讨教该对什么，鲁迅随口答曰：“四眼狗。”到上课了，寿镜吾老先生提问，那同学胸有成竹地抢答，他忘了寿先生戴着老花镜，正宗“四眼”。讨红包变成挨板砖，给这位挖坑的鲁迅都快笑趴桌子底下，他想不到这位老兄实在到给个棒槌就当针（真）。轮到他，以“比目鱼”从容作对，大博红彩。（张能耿：《三味书屋的读书生活》，《鲁迅亲友谈鲁迅》

第 14 页，东海文艺出版社 1958 年版）皮孩子有出息啊。

周作人讲鲁迅，一再强调：“鲁迅对于古来文化有一个特别的看法，凡是‘正宗’或‘正统’的东西，他都不看重，却是另外去找出有价值的作品来看。”（周作人：《鲁迅的青年时代》第 51 页）这也解释了一些有成就的人为什么不是学霸，放在课本上的东西，大多是正统的、主流的，也可能是僵死的、缺乏活力的知识，而对于创造性的人才而言，“异端”或许更有吸引力。鲁迅在江南陆师学堂附设的矿物铁路学堂读书时，着迷于赫胥黎的《天演论》，看当时的西学书刊。据他回忆，当时有一个本家长辈还因此教训他：

> “你这孩子有点不对了，拿这篇文章去看去，抄下来去看去。”一位本家的老辈严肃地对我说，而且递过一张报纸来。接来看时，“臣许应骙跪奏……”，那文章现在是一句也不记得了，总之是参康有为变法的，也不记得可曾抄了没有。

这个小辈才不会那么听话呢，“仍然自己不觉得有什么‘不对’，一有闲空，就照例地吃侉饼、花生米、辣椒，看《天演论》”（鲁迅：《琐记》，《鲁迅全集》第 2 卷第 306 页，人民文学出版社 2005 年版）。考分算什么。不过，鲁迅顺带讲的这个学校里一个教员的故事，倒与王辛笛的考试有得一比：

但第二年的总办是一个新党，他坐在马车上的时候大抵看着《时务报》，考汉文也自己出题目，和教员出的很不同。有一次是《华盛顿论》，汉文教员反而惴惴地来问我们道："华盛顿是什么东西呀？……"（同前，第305页）

2016年1月3日晚于竹笑居

骆驼怎么能说人话呢

季羡林，通英、法、德文，知梵语，懂吐火罗文，研究和翻译有关印度的经典著作，我们吃的甜蜜蜜的糖，他都能写上厚厚两大本《糖史》，用现在的话讲是“大牛”。更牛的是他的这段话：“我自己考了一辈子，自小学、中学、大学，一直到留学，月有月考，季有季考，还有什么全国统考，考得一塌糊涂。可是我自己在上百场国内外的考试中，从来没有名落孙山，你能说这不是机遇好吗？”（季羡林：《回忆陈寅恪先生》，《悼·念·忆——另一种回忆录》第 126 页，华艺出版社 2008 年 6 月版）年年月月都中奖，宙斯的儿子也没这个好机遇啊。尽管晚年有多顶“大师”的高帽子套在头上，但季羡林不是个狂妄之人，写文章也老老实实，“从来没有名落孙山”，这是超级卖乖和顶级自豪啊。自然，说这话得有底气，不过，看看人家的高考，百分之两百的学霸派头。其他同学都报了七八所学校，广种薄收，多打几只兔子不愁吃，可季羡林仅报北大和清华两所学校。这是飞蛾赴火的决心，是百万军中非取上将首级不可的勇气。最让你眩晕的是，这个来自山东的愣小子，两所学校都考取了。

别以为当年考大学是件容易事儿，北大的考题让季羡林记了一辈子：

> 先说国文题就非常奇特："何谓科学方法？试分析详论之。"这哪里是一般的国文试题呢？英文更加奇特，除了一般的作文和语法方面的试题以外，还另加一段汉译英，据说年年如此。那一年的汉文是："别来春半，触目愁肠断。砌下落梅如雪乱，拂了一身还满。"这也是一个很难啃的核桃。最后，出所有考生的意料，在公布的考试科目以外，又奉赠了一盘小菜，搞了一次突然袭击：加试英文听写。我们在山东济南高中时，从来没有搞过这玩意儿。这当头一棒，把我们都打蒙了。我因为英文基础比较牢固，应付过去了。可怜我那些同考的举子，恐怕没有几人听懂的。结果在山东来的举子中，只有三人榜上有名。我侥幸是其中之一。（季羡林：《我眼中的张中行》，同前，第113页）

小季同志牛气的是，费了这么一大把劲儿考上的北大，最后他没有去，而是选择了清华，因为清华留洋更方便。十六年后，再回北大干脆直接当教授。推荐人是更为可怕的陈寅恪大师，关系真硬啊。季羡林在回忆录中说，到北大报到后不到十天，文学院院长汤用彤先生告诉他，他已经被聘为北京大学正教授兼东语系系主任。这么快由副教授提升正教授，可以上吉尼斯纪录了。——这个细节，他的记忆有所偏差，不是十来天，他的日记记载，是他回北大后的第二天："我把我的论文拿给他看，谈了半天。临出门的时候，他告诉我，北大向例（其实清华也一样）新回国来的都一律是副教授，所以他以前就这样通知我，但现在他们想破一次例，直接请我作正教授，这可以说喜出望外。"（季羡林1946年9月22日日记，《此心安处是吾乡：季羡林归国日记1946—1947》第80页，重庆出版社2015年6月版）

学霸到底是怎么炼成的？这是现今诸位家长和学生都渴望一探究竟的问题吧。一讲到民国的作家学者，人们的想象都是出身官宦之家、书香门第，不是最后的贵族，也是没落的地主。这样家庭出来的孩子，读书是手拿把掐的事情。其实也不尽然，像鲁迅他们家，也算读书人家了，可是周作人说，家里的书也并不是很多。"鲁迅的家庭虽系旧家，但藏书却并没有多少，因为读书人本来只是名称，一般士人'读书赶考'，目的只是想博得'功名'，好往上爬，所以读的只是四书五经，预备好做八股而已。鲁迅家里当然还要好些，但是据我的记忆来说，祖传的书有点价值的就只是一部木板《康熙字典》，一部石印《十三经注疏》，《文选评注》和《唐诗叩弹集》，两本石印《尔雅音图》，书房里读的经书都是现买的。”（周作人：《鲁迅的国学与西学》，《鲁迅的青年时代》第41—42页，河北教育出版社2002年1月版）季羡林家就更不用说了，是山东最穷的县最穷的村里最穷的那一家。“文革”期间，有人两次到他们村外调季羡林的材料，企图把他打成“地主”出身，结果村里人跟调查者说：要开诉苦大会，季羡林怕是该村第一个诉苦者，他们家，连贫农都不够格儿。“一年吃白面的次数有限，平常只能吃红高粱面饼子；没有钱买盐，把盐碱地上的土扫起来，在锅里煮水，腌咸菜；什么香油，根本见不到。”（季羡林：《我的童年》，《我的心是一面镜子》第5页，华艺出版社2008年5月版）季羡林六岁时，被送到济南叔叔家寄居，因为两家仅有一个男孩，父亲和叔叔还指望他光大门楣。叔叔一没资本，二无靠山，在济南赤手打天下，也只是刚站稳脚跟、温饱无忧而已。他的负担也不轻，要供着季羡林读书，还要接济在乡下的哥哥。门第、名分，无非是一块招牌嘛，挂在那里好看，可非把它当作包治百病的灵丹妙药，未免夸大疗效。

千万不能输在起跑线上，弄得很多家长焦灼不安，恨不得孩子刚出生就能落地跑。可是，季羡林的基础教育，也并不是领跑别人两百米。初到济南，他读的是山东一师附小，新式学校，应当还不错。国文教材是白话文，有一篇课文叫《阿拉伯的骆驼》，应当是《伊索寓言》中的故事，讲一个得寸进尺的骆驼把主人挤出帐篷的故事。故事是以骆驼与主人的对话展开的，季羡林看得津津有味。想不到，叔叔有一天翻看他的课本，一看这个故事，不禁勃然变色："骆驼怎么能说人话呢？"让一个小学生说服一个这样的大人，太高难，叔叔认为这个学校简直误人子弟，浪费劳动人民血汗钱："这个学校不能念下去了，要转学！"（季羡林：《我的童年》，同前，第7—8页）于是，九岁的季羡林便转到了新育小学，这所学校的校训是四个大字——循规蹈矩。季羡林可没有按照这个校训生活，他不喜欢念正课，对付对付了事，却喜欢看课外书，尤其是各类小说，《彭公案》《施公案》《说唐》《封神榜》等等。考试成绩倒不算坏，念了三年，考了六次试，基本在甲等三四名和乙等前几名之间。到初中，他读的是正谊中学，这是济南的三流学校，民间有"破正谊""烂育英"之说。为什么上这样的中学呢？他说自己的成绩根本没有勇气报一师那样的好中学。在这个学校里，成绩跟小学里差不多，"我当时并不喜欢念书。我对课堂和老师的重视远远比不上我对蛤蟆和虾的兴趣。"（季羡林：《我的小学和中学》，同前，第37页）如果是这样念下去，估计单挑北大、清华的学霸是不会出现的，大明湖畔捉蛤蟆能手倒有一个。

事实证明，一个人的出身和起跑线在哪里，没有我们想象的那么重要，如果没有自我意识的觉醒，就是有了很好的基础条件也不见得能够起到应有的作用。自我的内在觉醒和转变，是造就人的最大的动力，季羡林的求学之路就是最好的例子。1926年，他考入位于济南白鹤庄的山东大学附设高中，也开始了他人生的重要转变。他开始喜欢买书，也爱上英文。一件偶然的事更让季羡林的学习观发生化学变化：当时山东教育厅厅长，兼山东大学校长王寿彭，是清光绪年间的状元，也是位书法家，名气很大。高中既然附设在山大之下，自然就在他的势力范围之内。第一学年结束时，状元公要表彰学生，标准是每一班的甲等第一名，平均分数还须达到或超过95分，奖品是状元亲笔书写的一个扇面和一副对联。状元大人的字已经很值钱了，更何况这份荣誉比钱更诱人。一年级共六个班，班班都有第一名，难得的是季羡林是唯一一个平均分超过95分的人，他是97分，也就是说，整个一年级仅仅奖励他一个人，这个脸露得该有多大啊。扇面上，状元录了前人的一首诗，那副对联俨如诺贝尔奖授奖词：

羡林老弟雅瞥：

才华舒展临风锦，

意气昂藏出岫云。

王寿彭

这是一个六十岁的老状元对十六岁的“老弟”鼓励和赞誉，可以想象，它可比鸡血厉害多了。季羡林后来说，从此虚荣心也好，荣誉感也罢，发烧般直线上升。首先他坚决不能再做坏学生了，否则多丢人。其次，觉得自己真的可以“出岫云”，不再是条虫，要当条龙了。过去连好中学都没有信心报考，这次是非北大、清华不去！学霸就是这么炼成的，信不信由你。

这位学霸，做人也霸气。不要误会，这个“霸气”不是咋咋呼呼盛气凌人的那种霸气，而是能够本色出演“自我”。张中行就赞扬过季羡林，留过洋，懂好几种外语，却从不穿西装，“一身旧中山装，布鞋，如果是在路上走，手里提的经常是个圆筒形上端缀两条带的旧书包”（张中行：《季羡林》，《负暄三话》第19页，中华书局2012年1月版）。这么穿行于燕园，一不留神就被人当作传达室老大爷。有个流传甚广的段子，有一年，一位北大新生报到，带着行李在校门下车，另有事要办，恰遇季羡林，一看是标准传达室老大爷，便招呼他帮忙：“老同志，给我看一会儿。”季羡林说：“好。”便老老实实完成革命任务。那个新生直到开学仪式时才发现，这个大爷竟然是坐在台上的他们北大的副校长。

2016年1月8日晚于吴兴路

我来寻理想，读点书

1923年夏末，一个21岁的青年赤手空拳来到北京，誓言要做一个“寻找理想”的“北漂”。

在这段他与自己的姐夫著名的对话里，充满初生牛犊雄心勃勃的劲头儿：

> 第一回和一个亲戚见面时，他很关心的问我：“你来北京，作什么的？”我即天真烂漫地回答说：“我来寻找理想，读点书。”“嗐，读书。你有什么理想，怎么读书？你可知道，北京城目下就有一万大学生，毕业后无事可做，愁眉苦脸不知何以为计。大学教授薪水十折一，只三十六块钱一月，还是打拱作揖联合罢教软硬并用争来的。大小书呆子不是读死书就是读书死。那有你在乡下作老总有出息！”“可是我怎么作下去？六年中我眼看在脚边杀了上万无辜平民，除对被杀的和杀人的留下个愚蠢残忍印象，什么都学不到！……可你想得到，一个机关三百职员有百五十支烟枪，是个什么光景？我实在呆不下

去了，才跑出来！……我想来读点书，半工半读，读好书救救国家。这个国家这么下去实在要不得！”（沈从文：《从现实学习》，《沈从文全集》第13卷第374页，北岳文艺出版社2002年12月版）

大树能砍，泰山可移，唯有年轻人的念想儿不可改变，更何况他是倔强的“乡下人”沈从文！他当时读了不少《新青年》《新潮》《改造》等刊物上的文章，血液里沸腾的都是“改造社会”“解放自我”这样的美妙词汇，还有像天上云一样美丽的文学梦想。尽管他自己也承认，连标点符号怎么用还不大会，可是，“因为我相信报纸上说的，一个人肯勤学，总有办法的”（同前，第375页）。姐夫无可奈何，只有送上叮咛和祝福：“好，好，你来得好。人家带了弓箭药弩入山中猎取虎豹，你倒赤手空拳带了一脑子不切实际幻想入北京城作这分买卖。你这个古怪乡下人，胆气真好！凭你这点胆气，就有资格来北京城住下，学习一切经验一切了。可是我得告你，既为信仰而来，千万不要把信仰失去！因为除了它，你什么也没有！”（同前，第375页）

这位未来的大作家，当时口袋里也只剩七块六毛钱。后来的日子，让他饱尝在一个一百五十万人的北京城居之不易的滋味，理想不能当饭吃，壮志无法当柴烧。不过，这段对话绝对可以选进励志教科书，是一碗难得的高营养鸡汤。

“救救国家”就别说了，“半工半读”读点书的梦想，来北京后立即破灭了。这不知道是哪个报纸蛊惑沈从文的，无异是做梦娶媳妇——尽想美事儿。后来他说：“过北京本意是读书，但到了那地方，才知道任何处皆缺少不花钱可读书的学校，故只在北京小公寓中住下。”（沈从文：《略传——从文自序》，《沈从文全集》第13卷第371页）钱，没有总是可以借的，关键的问题是沈从文小学都没有毕业，而当时报考北大这样的学校，都需要中学文凭。当然，文凭也可以去买一张假的，有人也这么干过，风险好像不大。但沈从文没有接受过系统的教育，像英语，他几乎连英文字母都背不下来，很多学校，他根本考不上。要以考分论英雄，沈从文恐怕难逃“学渣”之嫌。所以他的文章中，谈到北京生活，本来说是为读书来的，可是谈考大学的都是轻描淡写，讲得更多的反而是他怎么躲在阴暗、寂寞的“窄而霉小斋”中用功写文章。也难怪，谁不愿意说自己过五关斩六将的事儿呢？可如果没有，那谈谈卧薪尝胆、苏武牧羊也不错。

沈从文会不在乎那张文凭吗？未必，特别是后来他没有一张文凭，在大学里教书受了多少怨气，恐怕只有自己清楚，但是文凭这张纸，对他来说，要拿到手还真有点难度。他说：“到北京虽为的是求学，可是一到不久，就不作升学考虑。因为不久就听人说，当时清华是最有前途的学校，入学读两年‘留学预备班’，即可依例到美国。至于入学办法，却并未公开招考，一切全靠熟人。有人只凭一封介绍信，即免考入学。”（沈从文：《二十年代的中国新文学》，《沈从文全集》第 12 卷第 378 页）毕竟是作家，真会说话儿，这段话给人的印象是，因为清华这种学校招考制度腐败，未来的作家不愿意同流合污或没有这种机会，所以干脆放弃了“升学”考虑……我们不能说当时就没有靠介绍信进来的情况，可是，沈从文的这番说辞，我怎么看怎么觉得是移花接木、腾挪躲闪、避重就轻。随便查一查，就知道清华那是炙手可热的学校，要考上去并不容易。清华的考试也是有规矩的，它是由各省考送，而考送的名额是按照各省分担的庚子赔款的比例分配。据刘烜《闻一多评传》载，1912 年清华学校在湖北招生两名，闻一多被定为备取第一名，“这年冬，他赴京参加复试。家里不放心，让他的一个哥哥伴送他进京。火车上，还帮助他复习英语。最后，他以湖北省的第二名被正式录取了”（刘烜：《闻一多评传》第 8 页，北京大学出版社 1983 年 7 月版）。另外，人们熟悉的作家梁实秋，1915 年由直隶省报考，“那一年直隶省分配到清华招生名额是五名，报名应试的大概有三十几人，初试结果取十名，复试再遴选五名。实秋顺利地通过了初试，复试由省长朱家宝亲自主持，所以实秋在获得初试入选的通知以后，就到天津去谒见省长。……十个孩子都到齐，静静地等了一会儿，一位面团团的老者微笑着踱了出来，从容不迫地抽起水烟袋，逐个地问了几句话。然后孩子们围桌而坐，各有毛笔纸张放在前面，写一篇作文……”（鲁西奇：《梁实秋传》第23页，中央民族大学出版社1996年5月版）这是严肃、认真的考试，省长大人亲自主持可见也不是儿戏。转过来想一想，也是，一个字母都记不全的人，还指望他去报考“留美预备学校”吗？

北大呢？沈从文的说法更巧妙：“有人说我应考北大旁听生不成功，是不明白当时的旁听生不必考试就可随堂听讲的。”（沈从文：《二十年代的中国新文学》，《沈从文全集》第12卷第378页）对于他是否考过北大，这里不置可否，好像没考过似的。他的年谱上说考北大等国立大学都失败了。沈从文却在大讲，旁听生比正式生还有本事：“迁居到沙滩附近的小公寓后，不多久就相熟了许多搞文学的朋友。就中一部分是北大正式学生，一部分却和我一样，有不少不登记的旁听生，成绩都比正式生还更出色，因为不必受必修课的限制，可以集中精力专选所喜爱的课题学下去。”（沈从文：《无从毕业的学校》，《沈从文全集》第27卷第414页）据说，他考上过中法大学，因为交不起28块钱的膳食费而放弃了。我认为此说该存疑、待考。

在考学生涯中，最大的糗事莫过于考燕京大学：“我后来考燕大二年制国文班学生，一问三不知，得个零分，连两元报名费也退还。三年后，燕大却想聘我作教师，我倒不便答应了。”（**沈从文：《二十年代的中国新文学》，《沈从文全集》第12卷第380页**）这像是调侃，沈从文可没有说，这次考试机会是“一切全靠熟人”有“介绍信”的，是为他私人定制的考试。杨振声的儿子说：

> 1926年，父亲在燕京大学兼课。沈从文当时还是一个籍籍无名的人，没有受过正规训练，也没有文凭。一个偶然的机会，父亲发现了沈从文的文学才华，建议沈从文去读书深造。在父亲的推荐下，燕京大学专门为沈从文一个人安排了一次面试，采取的是口试的办法，没想到沈从文没能回答出老师的问题，得了零分，燕京大学只好退还了他两元钱的报名费，没有录取。父亲知道结果之后非常惋惜，他问那个主考人：“这样的学生你们都不要？”（**季培刚：《杨振声年谱》第79—80页，学苑出版社2015年10月版**）

也不能怪人家啊，燕京大学考沈从文的教授中应当有冯友兰（**金介甫：《沈从文传》第298页注8，湖南文艺出版社**

1992 年 2 月版），这样的考试，我理解更多是程序性的，沈从文哪怕考个十五分都说不定高中。对此，沈虎雏在《沈从文年表简编》中的表述比较客观："在张采真、杨振声等朋友鼓动下，参加燕京大学特别安排的一场入学考试，以口试方式考核历史、哲学、文学。因不适应学院式问答，即使最熟悉的李商隐诗等问题也张口结舌，被判为零分，预交两元报名费被退还。"（《沈从文全集》附卷第 9—10 页）我实在想象不出"张口结舌"是什么样子，呜呼，沈从文的入学梦。或许，这个人不适合在大学当学生，就适合当大学老师！

2016 年 1 月 10 日于竹笑居

诸位说说怎么考好

好久好久，已经远离故土，胡子一大把了，俄国思想家赫尔岑心头那块做学生时考试的阴云还没有飘走：

> 我有时还做过这样的梦，梦见我还是大学生，去参加考试，我惊恐地想，我已经忘记了好多，一定会不及格——我一下子醒了过来，非常高兴海洋和护照、年岁和签证把我和大学隔开了，再也没有人来考我了，再也没有人敢于给我打最讨厌的一分了。（［俄］赫尔岑：《往事与随想》，《巴金译文全集》第4卷第238页，人民文学出版社1997年6月版）

凡是没有出息的事情，我不用学也能跟伟人们一样。我也梦到过，要收卷了，而我还有一大半没有做，急得都快尿裤子。作学生的，没有不经历大大小小考试的，周考，月考，期中考，期末考……我们这代人，当年挂在口头上的一副对联是：考考考，老师大法宝；

分分分，学生小命根。

中国的大学，严进宽出，学生考试的压力好像要小一些，以前就是这样子。张中行写到的当年北大的一些老师，便是人中神品。学生参加这些老师主持的考试再也不是待宰的羔羊，甚至如刘半农的考试，完全反转过来，还要大灰狼给小羊喂草吃。

说到刘半农，也是故事一大把的人。当年，在上海滩以女里女气的“刘半侬”之名写鸳鸯蝴蝶派的文字，就是哥哥呀妹妹呀、在天愿作比翼鸟的那种。后来，反叛了，投奔革命阵营，成为向“旧文学”开炮的急先锋。大概不想做空头文学家，又留洋去研究学问了，玩得既正宗又高深，学的是实验语音学，拿的是正牌法国国家博士学位。当了教授，他和学生商鸿逵还去找名妓赛金花做“口述实录”，出了本《赛金花本事》。后来，不幸染疾身亡，已经绝缘社交界的赛金花还来吊唁，送了一副高度评价的对联：“君是帝旁星宿，下扫浊世秕糠，又腾身骑龙云汉；侬乃江上琵琶，还惹后人挥泪，谨拜手司马文章。”赛爷真是有情有义啊……

话说刘博士在北大开“古声律学”课，张中行因为对乐府诗有兴趣，选了。“上第一堂，才面对面地看清他的外貌。个子不高，身体结实，方头，两眼亮而有神，一见即知是个精明刚毅的人物。听课的有十几个人。”然而想不到的是，这门中文系的课程，刘半农第一句问的竟是大家的数学程度如何，说讲声律要用比较深的数学。这些趾高气扬的文科男，立即就蔫了，个个面面相觑。“他皱皱眉，表示为难的样子。以后讲课，似乎想尽量深入浅出，但我们仍然莫名其妙。”学了一年，等考试时，才知道只有张中行一个人是正式选课的，其余人都是旁听，估计大家早就被数学吓得屁滚尿流，谁还等着不及格啊。想不到，考试时，刘先生就是观世音菩萨现身，“考试提前，在半农先生的休息室。题尽量容易，但仍要他指点我才勉强完了卷。半农先生笑了笑，表示谅解，给了七十分”（张中行：《刘半农》，《负暄琐话》第55—56页，中华书局2012年1月版）。考试还有现场指导，老师替学生做卷子，真是阿弥陀佛，功德无量。

有学问的老师，站在三尺讲台上，为的是传授学问，而不是向学生打杀威棒，也不是要做灭绝师太，总要给你点颜色看看。梁思成就是这样，大度到怎么考试竟然与学生商量着办：

> 记得是一九四七年或一九四八年，老友曹君来串门，说梁思成在北大讲中国建筑史，每次放映幻灯片，很有意思，他听了几次。下次是最后一次，讲杂建筑，应该去听听。到时候，我们去了。……两小时，讲完了，梁先生说：“课

讲完了，为了应酬公事，还得考一考吧？诸位说说怎么考好？”听课的有近二十人，没有一个人答话。梁先生又说：“反正是应酬公事，怎么样都可以，说说吧。”还是没有人答话。梁先生像是恍然大悟，于是说：“那就先看看有几位是选课的吧。请选课的举手。”没有一个人举手。梁先生笑了，说：“原来诸位都是旁听的，谢谢诸位捧场。”说着，向讲台下作一个大揖。（**张中行：《红楼点滴一》，同前，第114页**）

考试是“应酬公事”，大概最应付的莫过于怪人“疑古玄同”了：

他是师范大学教授，在北京大学兼课，讲“中国音韵沿革”。钱先生有口才，头脑清晰，讲书条理清楚，滔滔不绝。我听了他一年课，照规定要考两次。上一学期终了考，他来了，发下考卷考题以后，打开书包，坐在讲桌后写他自己的什么。考题四道，旁边一个同学告诉我，好歹答三道题就交吧，反正没人看。我照样做了，到下课，果然见钱先生拿着考卷走进教务室，并立刻空着手出来。后来知道，钱先生是向来不判考卷的，学校为此刻一个木戳，上写“及格”二字，收到考卷，盖上木戳，照封面姓名记入学分册，而已。（**张中行：《红楼点滴三》，同前，第122—123页**）

这事情，张中行不止说过一次，看来不像是编的。在《流年碎影》中，他又说：

> 还有参加考试就及格的，是钱玄同先生的课，他照自己的旧习不看考卷，学校也就只好默认，为他刻一个木戳，考完，他把考卷交到注册科，由注册科的人在卷面加盖一个，曰“及格”。但学生考这门课，出于对钱先生的尊重，比如出四道题，就答三道，一不多思索，二不多写，走走过场，送上讲桌了事。（张中行：《流年碎影》第 129 页，中国社会科学出版社 1997 年 5 月版）

张中行解释：“钱先生这样做，显然是认为，学识方面造诣的高低，并不能由考卷上反映出来。”（同前，第 142 页）并“无耻”地透露，考大一普修英语的时候，“我不愿意去，就托陈世骧同学代办，他入考场，拿并答两份考卷，教师钟作猷先生未必不知道，只是因为有红楼的自由、容忍精神笼罩着，他就视而不见了”（同前，第 142 页）。今天的同学听到这样的考试，要吐血吗？这样的教授，降临人间，是不是比火星上来的都教授更受欢迎呢？不过，这样的教授，在今天绝对下岗。

据说钱玄同的判卷办法想在燕京大学推而广之，教会大学刻板了一些，学校将考卷退回，要他判卷，否则将扣发薪金。钱先生回了一封信，并附钞票一包，云：“薪金全数奉还，判卷恕不从命。”无名鼠辈，千万别玩这个。钱玄同是何等人物？

他师从章太炎，当时北平教育界的学霸兼学阀多半是他的同学。他和鲁迅的关系一度火热，他是鲁迅《〈呐喊〉自序》里的“金心异”，也是《狂人日记》问世的直接推动者。后来，他与鲁迅闹翻，俩人谁看谁都不顺眼，便在日记里照骂鲁迅：“购得鲁迅之《三闲集》与《二心集》，躺床阅之，实在感到他的无聊、无赖、无耻。”（钱玄同1932年11月7日日记，《钱玄同日记》整理本第889页，北京大学出版社2014年8月版）这么写钱玄同，容易给人以卖名士派头不好好做事的印象。民国的很多文人，要讲派头、脾气，也真是大，但讲做事，又能弯下腰来，认认真真、一丝不苟，这是令人佩服的地方。周作人说钱玄同：“玄同的文章与言论，平常看去似乎颇是偏激，其实他是平正通达不过的人。”这也是知人之论。

读钱玄同日记，发现他并非完全不看考卷的，每年北师大等几个学校的新生入学考试，从出考题到看考卷，数量很大，也很辛苦。如1931年2月13日日记：“下午北大请假，至研究所阅卷。……晚再阅，一共十四本，在研究所看了五本，灯下又看了七本，尚余二本，明日当一看毕之。”（同前，第788页）同年6月22日日记：“晚单阅师大毕业卷一百余本，十一时半至二时半毕，人甚困乏也。”6月24日日记：“午后阅女师大卷，及北大卷共一四一本，毕。（各校卷均已阅毕，惟男师大之未毕业者尚有二百余本，未阅焉。）天热闷。”（同前，第 808 页）他的日记里，几乎写满“精神不适”“精神不振”这样的字眼，身体越来越不好，可能也影响了阅卷的数量，几个人的选修课的卷子索性就不看了？或许，张中行所记仅仅是段子，不过，段子也是需要的，不仅让人哈哈一笑，也是精神的体操。比如，有这样的段子在，如今的人们还好意思到处用那“任性”两个字吗？

2016 年 1 月 10 日下午竹笑居初稿

13 日午间改于吴兴路

『对对子』是个什么东东

1932年7月30日，星期六，一大早，北平便雷雨交加。到晚上，又雷电大作，夜半大雨。忙完了一天工作，任教于北平师范大学的钱玄同在当天日记最后一条记道："今年清华考对对子，陈寅恪之主张也。"（《钱玄同日记》整理本第873页）看来此事，已像大雨浇到了北平的学界。一周后，它在民众中发酵，北平的《世界日报》从8月7日起在"读者论坛"栏中连续发表读者意见，纷纷对此事表示看法，其他报刊也在跟进。当年8月31日《大公报·小公园》中有人撰文：

> 本年清华大学入学考试国文试题有对对子："孙行者""少小离家老大回""人比黄花瘦""莫等闲白了少年头"……等句。这一下真苦了二千考生，因之骂声四起。在几个大报的"读者论坛"上便出现了许多指摘清华复古的文字。引而伸之，乃更出现许多文章指摘清华为资产阶级学校。自

然也有人动笔来反驳了。就我每日注意的《世界日报》言之，自八月一日清华考毕，无日无是项争辩文字，直到十七日我离开北平，尚未平歇。这一“论战”也可算热闹了。

考题除作文《梦游清华园记》之外，就是对对子，一年级为“孙行者”“少小离家老大回”，二三年级转学生有“莫等闲白了少年头”“墨西哥”等。因何“骂声四起”？这题难倒宝宝们了。早在1920年，北洋政府教育部就承认白话文为“国语”，通令国民学校采用。十多年过去了，居然还考对对子？更何况清华向来是“留美预备学校”，对英语之重视远胜于中国传统学问，考生们大概无论如何都想不到还有这等回马枪。在各种讨论中，最为厉害的，不是跟你讨论“对对子”有没有价值、有什么意义，而是不断质问：这个“教学大纲”里有这一项吗？没有这一项你凭什么考呢？教育部没有规定的内容，你拿出来考，清华什么意思，跟教育部对着干吗？（**当年讨论情况可参见罗志田：《斯文关天意——1932年清华大学入学考试的对对子风波》，《近代史研究》2008年第3期**）

清华坐不住了，1932年8月17日《清华暑期周刊》第6期发表记者报道《试卷珍谈续录：差强人意》：

　　这次国文卷，对对子占十分，标点三十分，作文则占六十分。二千多份卷内，二篇国文做得极好的，得到满分（六十分）。一篇是极流利的散文写的，一篇则完全仿《三都》《两京》等赋作的，纯粹《文选》体，通篇皆妙。等招生揭晓后，在本刊披露，以飨读者。转学生及研究院国文，属对没有特别好的，但有差强人意者。如以“情为（如）碧海深”及“诗为（如）白雪清”对“人比黄花瘦”，及以“淮南子”对“墨西哥”。据记者所知，“墨西哥”似以对“文中子”为最妥也。

作文题，出的是《梦游清华园记》，不论怎么游，考生还能游出来，可是，对对子却淹死不少人，自然成为人们攻击的靶子。出题人陈寅恪不得不出来在当期《清华暑期周刊》上表明初衷。对于社会上的反应，陈寅恪耿耿于怀：8 月 17 日在给傅斯年的信上，他发了通牢骚，后来在 9 月 5 日《大公报·文学副刊》上又发表《与刘文典教授论国文试题书》（收入《金明馆二编》时改题为《与刘叔雅论国文试题书》），再次从学理上阐述“对对子”于中国语文的重要意义。一片骂声中，陈寅恪也算认真对待。不过，大师也有大师的范儿，在《清华暑期周刊》发表的那篇《关于国文题对对、作文之意义的谈话》中，陈大师上来就是这种口气：“今年国文题之前两部，对对子及作文题，皆我所出，我完全负责。外面有人批评攻讦，均抓不着要点，无须一一答覆。”在给傅斯年的私信中，他更为强硬、不屑：“清华对子问题乃弟最有深意之处……”说了一通理由之后，又说：“以公当知此意，其余之人，皆弟所不屑与之言比较语言文法学者，故亦暂不谈也。此说甚长，弟拟清华开学时演说，其词另载于报纸。总之，今日之议论我者，皆痴人说梦、不学无术之徒，未曾梦见世界上有藏缅系比较文法学，及印欧系文法不能适用于中国语言者，因彼等不知有此种语言统系存在……弟意本欲藉此以说明此意于中国学界，使人略明中国语言地位。将《马氏文通》之谬说一扫，而改良中学之课程。明年清华若仍由弟出试题，则不但仍出对子，且只出对子一种，盖即以对子作国文法则测验也。”（陈寅恪1932年8月17日致傅斯年信，《陈寅恪集·书信集》第42—43页，生活·读书·新知三联书店2001年6月版）好家伙，说着说着火苗又蹿上心头，明年还要出对子，而且要占一百分！

对对子，好像是以前私塾先生操心的事儿，堂堂清华大学教授陈寅恪为什么如此看重呢？在那封著名的《与刘叔雅教授论国文试题书》中，他说有四点意义：（一）对子可以测验应试者，能否知分别虚实字及其应用。（二）对子可以测验应试者，能否分别平仄声。（三）对子可以测验读书之多少及语藏之贫富。（四）对子可以测验思想条理。陈寅恪也并非逞才出了这么道题，他是有针对性的，比如：“所不解者，清华考试英文，有不能分别动词名词者，必不录取，而国文则可不论。”“今日学校教学英文，亦须讲究其声调之高下，独国文则不然，此乃殖民地之表征也。”——现在好像也是这样吧？陈寅恪更深的一层意思在于，他认为我国文法不应当参照印欧语系而立，而藏缅语系的研究又不到位，练习对对子至少是符合我们语言本身特点的一种很好的训练。这些专门知识，就是陈寅恪说的“比较语言文法学”，老百姓也不懂，陈寅恪振振有辞也吓死人：“世界人类语言中，甲种语言，有甲种特殊现相，故有甲种文法。乙种语言，有乙种特殊现相，故有乙种文法。即同一系之西欧近世语，如英文名词有三格，德文名词则有四格。法文名词有男女二性，德文名词则有男女中三性。因此种语言，今日尚有此种特殊现相。故此种语言之文法，亦不得不特设此种规律。苟违犯之者，则为不通，并非德人作德文文法喜繁琐，英人作英文文法尚简单也。”关于陈寅恪到底懂多少种语言，精通到什么程度，至今已是神话，看他这段话里讲的，就让人晕头转向。所以，关于这个问题的讨论，大多数人只能在门外溜达溜达，真正与陈寅恪讨论个一二三的人，还真没有，难怪陈大师傲气冲天。

陈寅恪的大师相早在 20 世纪 30 年代就已耸立清华。比如姜亮夫在《忆清华国学研究院》中就感叹："陈寅恪先生广博深邃的学问是我一辈子也摸探不着他的底。"他写道：

> 听寅恪先生上课，我不由自愧外国文学太差。他引的印度文、巴厘文及许许多多的奇怪的字，我都不懂，就是英文、法文，我的根底也差。……最令我们惭愧的是他这个时候还在跟人学西夏文、蒙古文，每个礼拜进城去学两天。这么一个大学者，还在这样勤奋读书，像我们这些人不成其为人了！真是无地自容！……

接着又写道：

> 例如寅恪先生讲《金刚经》，他用十几种语言，用比较法来讲，来看中国翻译的《金刚经》中的话对不对，譬如《金刚经》这个名称，到底应该怎么讲法，那种语言是怎么说的，这种语言是怎么讲的，另一种又是怎样，一说就说了近十种。最后他说我们这个翻译某些地方是正确的，某些地方还有出入，某些地方简直是错误的。因此寅恪先生的课我最多听懂三分之一（而且包括课后再找有关书来看弄懂的），除此之外，我就不懂了。［姜亮夫：《忆清华国学研究院》，卞僧慧：《陈寅恪先生年谱长编（初稿）》第94—95页，中华书局2010年4月版］

这是吓死人的节奏，这样的课没有相当基础谁敢选啊，旁听陈寅恪课的燕京大学研究生周一良回忆：

> 一九三五年秋季，我作研究生比较空闲，抱着听听看的心理，到清华三院教室去偷听了陈先生讲魏晋南北朝史。第一堂讲石勒，提出他可能出自昭武九姓的石国，以及有关各种问题，旁征博引，论证紧凑，环环相扣。我闻所未闻，犹如眼前放异彩，深深为之所吸引。……我从此风雨无阻到清华去听课，同时搜罗陈先生在各杂志上发表的论文来阅读……当时另一点想法是，别位先生的学问固然很大，但自己将来长期努力积累，似乎并不是办不到；而陈先生的学问，似乎深不可测，高不可攀，无从着手，不可企及。这种认识……说明三〇年代的青年在心目中如何看待陈先生。（周一良：《纪念陈寅恪先生》，同前，第169—170页）

连新文学家胡适在1937年2月22日日记都敬佩地写道："读寅恪先生的论文若干篇。寅恪治史学，当然是今日最渊博、最有见识、最能用材料的人。"（同前，第176—177页）这三个"最"也够吓人的了！对对子的事儿，只有像这样的教授才能镇得住，不然，大家说的话恐怕更难听。不过，对于陈大师平时的考试风格，不同人有不同说法。他学生罗香林回忆："对学生只指导研究，从不点名，从无小考；就是大考，也只是依照学校的规章举行，没有不及格的。"而另一位学生卞僧慧则表示："报告不及格，仍要补考。”（同前，第 128 页）看如今收在《陈寅恪集·讲义及杂稿》中几份他给学生论文的评语及成绩，觉得大师还是手下留情的，有三份成绩分别是 87 分、78 分、86 分，还有一份他指出三点不足的论文，给的成绩也是“及格”。

以陈寅恪智识之高远和学问之宏博，偶尔亮亮剑也是有的，1933 年 3 月 23 日朱自清日记中记，他与陈寅恪一同参加研究生朱延丰的毕业考试，“下午考朱延丰君，答甚佳。大抵能持论，剖析事理颇佳。陈先生谓其精深处尚少，然亦难能可贵”（同前，第 153 页）。大约朱君自我感觉良好，便有下面的故事：

> 考试后，先生在课堂上问朱延丰自觉考得如何，朱以为尚不错，先生笑曰：“恐也不一定。”因谓：当时尚准备一题，后觉恐较难，故未问，即中古时大解后如何净身。朱迟未作声，邵先生乃答：据律藏，用布拭净。老僧用后之布，小僧为之洗涤。先生初闻未语，少顷，深表赞许。（同前，第 153 页）

偶尔露峥嵘，也让人直哆嗦啊。再说，这个问题……真是非最强大脑不能回答啊！因此，出个“孙行者”，在陈寅恪眼里完全是小菜一碟，够普罗了。所以，谈到这个对子的答案，他说：

现在国文考卷，尚有少许未完，且非尽我一个评阅。但就记忆所及，考生所对之较好者可提出一二。

对“孙行者”有“祖冲之”“王引之”，均三字全对，但以“王引之”为最妙，因“引”字胜于“冲”字，“王”字为姓氏且同时有“祖”意——如“王父”即“祖父”之意——是为最佳。对“少小离家老大回”无良好者，记得有一考生以“匆忙入校从容出”，尚可。中国文学研究所三言对“墨西哥”，字少而甚难，完全测人读书多少，胸中有物与否。因读书多，如能临时搜得专名词应对。某生对“淮南子”，末二字恰合，已极难得。（《“对对子”意义——陈寅恪教授发表谈话》，《陈寅恪集·讲义及杂稿》第448—449页，生活·读书·新知三联书店2002年5月版）

后来，有人揭出考生中后来成为语言学家的周祖谟当年曾以“胡适之”作对。说自己不发表所对的陈寅恪，在三十年多后也终于重提旧事：

其对子之题为“孙行者”，因苏东坡诗有“前生恐是卢行者，后学过呼韩退之”一联［见《东坡后集》柒《赠虔州术士谢（晋臣）君》七律］。“韩卢”为犬名（见《战国策》拾《齐策三》“齐欲伐魏”条及《史记》柒玖《范雎传》）。“行”与“退”皆步履进退之动词，“者”与“之”俱为虚字。东坡此联可称极中国对仗文学之能事。

冯应榴《苏文忠诗注》肆伍未知“韩卢”为犬名，岂偶失检耶？抑更有可言者，寅恪所以以“孙行者”为对子之题者，实欲应试者以“胡适之”对“孙行者”。盖猢狲乃猿猴，而“行者”与“适之”意义音韵皆可相对，此不过一时故作狡猾耳。（**陈寅恪：《与刘叔雅论国文试题书》附记，《陈寅恪集·金明馆丛稿二编》第257页，生活·读书·新知三联书店2001年7月版**）

“退之”也好，“适之”也罢，做学问到了一定的境界也有游戏的成分，学问的奥妙中必然也包含着有趣，倘若是冬烘先生，岂能想出这等妙对？不过，试想今天高考陈寅恪要出这么道题，估计不用答辩，他就得被告到班房去，堂堂考试，岂容戏谑？然而，这之中才有创造，才激发创造，才不用感叹“钱学森之问”总也找不到答案。

陈寅恪不是道貌岸然、一本正经的大师，他自己就很喜欢对对子，并且常拿这个开玩笑。比如，他戏赠清华国学院的学生的对联：“南海圣人再传弟子，大清皇帝同学少年。”可不是么，清华国学院的四大导师中，梁启超是南海圣人康有为的弟子，王国维是溥仪的帝师，遂有“再传弟子”“同学少年”一说。罗家伦当清华校长时，送陈寅恪一本他编的《科学与玄学》，陈即赠一联：“不通家法科学玄学，语无伦次中文西文。”

这对联中，含“家伦”二字，陈寅恪又送横批“儒将风流”，并解释：“你在北伐中官拜少将，不是儒将吗？又讨了个漂亮的太太，正是风流。”或许，学问之事，深窥堂奥，不会觉得板凳青灯凄凄惨惨，而是正如这般有趣，哪怕探讨一下“中古时大解后如何净身”也是益智延年的事情。

2016年4月5日晚上写完于武康路

漂洋过海干什么

一

留洋是一件非常风光的事情，倘若能弄个官费，更无后顾之忧，要不，摊上一个开银行、开钱庄的老丈人也行，比如方鸿渐，他把出洋留学的浪漫演绎得让人浮想联翩。“方鸿渐到了欧洲，既不钞敦煌卷子，又不访《永乐大典》，也不找太平天国文献，更不学蒙古文、西藏文或梵文。四年中倒换了三个大学，伦敦、巴黎、柏林；随便听几门功课，兴趣颇广，心得全无，生活尤其懒散。第四年春天，他看银行里只剩四百多镑，就计划夏天回国。”（钱锺书：《围城》第10页，生活·读书·新知三联书店2002年5月版）这简直是超级自由行旅行套餐啊。几年后，一张克莱登大学的假文凭、戴博士帽照个相，我方大公子又衣锦还乡了。坐船回来，又是一路好风景，别人坐三等舱，他一开始买的却是二等舱，舒服，更惬意的是一路上，有鲍小姐打情骂俏，又有苏小姐投怀送抱……这等美事儿，好多人连做梦都不敢想。

有人提醒我，这是小说，小说懂吗，都是虚构的！——是吗？照猫画虎，虚构也许有影子呢？比如，冰心与吴文藻先生不就是在去美国的船上认识的吗？船上还有梁实秋呢。后来，我还读了一本不是小说的《我在欧洲的生活》，开篇一段话，就让我瞠目结舌：

> 我脚踏到欧洲底土地，那是在一九二〇年底春天。
>
> 我记得我初和巴黎接触的时候，我底两眼几乎是要眩晕了去。我第一次在那赛纳河边走过，我的心胸填满着说不出的一种澎涨的快感。——这是不消说的，一个久处在文化落后的东方的青年，一旦能走到资本主义文化发达的中心，他底愉快，是怎样也禁止不住的。
>
> 大概是愉快得过度了的缘故罢？我在到巴黎的第一天，因为要多看些地方，便一个人叫了一个汽车，任那个汽车夫驾着我满街乱跑，我竟把我早晨才由一位和我同船到法国的同伴那儿借来的两百佛郎尽数地花掉。两百佛郎在当时的留学生手中实在算是一笔大款，一到法国便没有一个铜板的我，却把才由朋友借来的这笔大款花在半天的汽车上面。我这人底没有打算，性情底浪漫，在这件事上也可以看得出来了。我记得我那天晚上便没有吃饭，因为

我把街跑完了以后，身上又是一个铜板都不曾剩得。（王独清：《我在欧洲的生活》第1页，辽宁教育出版社1998年12月版）

一百年前，巴黎的春风一定像蜜糖一样甜，春风得意车轮疾，这位老兄就这么花完两百法郎，还是借的！这个本事亦非凡人所有啊。接下来，他只好远离花花世界去法国外省的一个县城，学习不是学习，工作不像工作，革命也不算革命，但是，风流韵事倒是实实在在的。谈恋爱，还经常陷到三角、四角的迷踪阵里；一边高喊上了女人的当，一边飞蛾扑火般地往这个“火坑”里跳。整本回忆录，都是这些杂七杂八的事情和慨叹，慨叹女人负心，朋友无义，口袋里没有半毛钱。可是，这一切并不妨碍这样的场面频频出现：

我终日在想着那位使人倾心的姑娘，我感到无限寂寞的愁。但是，在这个期间，那位意大利太太对于我的态度却越见是张狂了起来。

一天，福劳德不在家的时候，她把我叫到她的睡房中去。那儿是在烧着一种土耳其底炉香，窗帘重重地吊下。她穿着一件肉红色的寝衣，前胸几乎全露在外边，很强烈的脂粉香气扑着人的嗅觉。一个神秘的酒瓶从她底藏衣柜中拿了出来，她斟起了一杯酒送给我。这是一个危险的倾刻：我正要接她那杯酒时，忽然一眼看到那酒瓶上印着有一个德国字。那字是“A rau”。——这便是所谓“曼陀罗华”了。这不消说在那酒瓶上是一个借用的字，但是即刻使我明白了那酒是一种不可问的兴奋剂，一股作恶的感情冲上我的心头，我毫不客气地把她底酒打翻在桌上，抽身就跑。她像是情欲冲动到极点，一把拉住了我，急得只是用她底高跟鞋在地板上登登登地乱顿。她底脸是涨得通红，剩了一点就是完全显出来的奶头在跟着她脚的节奏跳动得像要快坠落下来的一样，我终于是挣扎了开去，踉跄地逃走了。（同前，第120页）

这哪里是留学，这分明是玫瑰梦嘛，难怪，他一文不名，居然在欧洲住了六年，温柔乡里拔不开脚。这本书的作者王独清，研究现代文学的人并不陌生，他是创造社的一员。这本书前面的《本书说明》中就有他的简历，不妨直接抄下来：“王独清（1898—1940），陕西长安人。他九岁能写旧体诗。1913年任《秦镜报》总编辑，该报被查禁后，离陕西赴上海，后又赴日本留学。1919年5月，离日返沪，任职于《救国日报》及中华工业协会。1920年赴法国、意大利、德国等地留学，研究艺术，又从事新文学创作，于1926年2月返国。返国后，创办《创造月刊》，任理事；9月任广州广东大学文学院院长，1927年返沪。1928年12月中国著作者协会成立，任监委。1929年9

月，任上海艺术大学教务长。1930 年 9 月《开展月刊》创刊于南京，任主编。1937 年抗日战争爆发后，离沪返乡。1940 年 8 月 31 日病逝，年 42 岁。著有《圣母像前》《死前》《锻炼》《独清诗选》《王独清诗歌代表作》《杨贵妃之死》《雨》《独清文艺论集》《中国文学运动史》《王独清选集》和《王独清自选集》等。”在当年，他也是文坛的风云人物，感谢他的坦率，我想，这本书如果取名为“我在欧洲的荒唐生活”那就更恰当了。

王独清的书的确败坏了我的胃口，我还想到有一本《留东外史》，向恺然（平江不肖生）写的，写到留学日本的生活，也是五光十色。这书我没有看过，手头也没有，网上查到的第一章中，作者是如此评价留洋的那些人：

> 原来我国的人，现在日本的虽有一万多，然除了公使馆各职员及各省经理员外，大约可分为四种：第一种是公费或自费在这里实心求学的；第二种是将着资本在这里经商的；第三种是使着国家公费，在这里也不经商、也不求学，专一讲嫖经、读食谱的；第四种是二次革命失败，亡命来的。第一种与第二种，每日有一定的功课职业，不能自由行动。第三种既安心虚费着国家公款，饱食终日，无所用心，就不因不由的有种种风流趣话演了出来。第四种亡命客，就更有趣了。

讲嫖经，读食谱？这也是生活。我没有留洋的荣幸，文字上看了不少这样的荒唐事，不禁灰心丧气又疑窦丛生：果真如此？

二

世界之大，无奇不有，风流荒唐是当年留洋生活的一面，却绝不是全部，事实是果真也存在着另一种情况。譬如赵元任太太杨步伟便写到了几位中国的“读书种子”在欧洲的生活，读它们，我读得热泪盈眶：

> 俞大维最难见到，因为他是日当夜、夜当日地过，你非半夜去找他是看不见他的。寅恪和孟真来得最多……孟真和元任最谈得来，他走后元任总和我说，此人不但学问广博，而办事才干和见解也深切得很，将来必有大用……
>
> 有一天大家想请我们吃茶点，但定的下午三点，我们刚吃完午饭，以为到那儿（是孟真的房东家）照例的一点点心和茶，岂知到了那儿一看，除点心外，满桌的冷肠子肉等等一大些，我们虽喜欢，没有能多吃，看他们大家狼吞虎咽地一下全吃完了。我说德国吃茶真讲究，这一大些东西，在美国吃茶只一点糕什么，连三明治都很少的（美西部比东部东西多）。孟真不愤地回我：“赵太太！你知道这都是我们给中饭省下凑起来的请你们，你们不大吃，

所以我们大家现在才来吃午饭。”他们这一班人在德国有点钱都买了书了，有时常常地吃两个小干面包就算一顿饭，闻说俞大维夜里才起来也是为减省日里的开销，不知确不确？但是有一天他和陈寅恪两个人（他们两个人是表兄弟）要请我们看一次德国的歌剧，戏名叫Freischutz，是Weber作曲的。他们两个人给我们两个人送到剧园门口就要走，我问：“你们不看吗？”我心里想，他们为什么对我们这样轻看。大维笑笑，寅恪就说：“我们两个人只有这点钱，不够再买自己的票了，若是自己也去看，就要好几天吃干面包。”我们心里又感激又难受，若是我们说买票请他们，又觉得我们太小气，不领他们这个情，所以只得我们自己进去看了。**（杨步伟：《杂记赵家》第52—53页，广西师范大学出版社2014年6月版）**

这个故事，很多人引用过，我不止一次读过，每一次读心里都五味杂陈。陈寅恪、傅斯年、俞大维……在德国省下来的钱都买了书，每顿饭仅吃个小面包。这是什么样的生活，这是什么样的一群人啊？像陈寅恪也算世家子弟，门第之显赫，也不必在此重复，这样家庭的上进子弟，要讲吃苦也是勤勤恳恳。这样的生活，难怪寅恪的父亲、诗人陈三立心有不忍。1922年1月27日，辛酉年除夕，陈三立思念在海外的两个儿子寅恪和登恪，曾有一诗：

屋山压雪对寒毡，旗影笳声酒盏前。
方盼泥干缘蝼蚁，坐闻风急逐鹰鹯。
炉烟欲合疮痍气，劫运移支老誖年。
为忆二雏羁绝域，长饥谁挂杖头钱。

[陈三立：《除夕作》，卞僧慧：《陈寅恪先生年谱长编（初稿）》第77页，中华书局2010年4月版]

“长饥谁挂杖头钱”，乃是前一年8月，吴宓回国，曾在上海拜见过散原（陈三立）老人，言谈中谈到陈寅恪他们在国外的生活情况，老人深为伤感，为自己无钱寄予寅恪，使其困居海外而叹。对此，吴宓另有解释：

宓以寅恪在美，虽困而非甚困。平日衣食居处，所费与我等每月$100美金之官费生相同，而购书独多，屡次装箱运回。（此书后皆不知失落何所，寅恪回国亦未藏读。）庚申春，且与宓合作主人“大宴东方楼 Far-Eastern Restaurant”，殊不如先生所忧情形之甚。盖寅恪、登恪虽处拮据，自有其筹画经营之法，为先生所未知。先生惟秉慈爱之心，故以二子为“长饥”耳。（吴宓：《读散原精舍诗笔记》，《吴宓诗话》第290页，商务印书馆2005年5月版）

吴宓黏黏糊糊，话有时都说不明白，什么叫“虽困而非甚困”，就是困难还不至于饿死？还有什么“自有其筹画经营之法”，废话，活人能静等饿死啊。有一点，他倒是说到关键：买书太多。这是天下书生割不断的顽疾，陈寅恪买书的豪兴，从他给妹妹的信中可见一斑：

> 我前见中国报纸告白，商务印书馆重印日本刻《大藏经》出售，其预约券价约四五百元。他日恐不易得，即有，恐价亦更贵。不知何处能代我筹借一笔款，为购此书。因我现必需之书甚多，总价约万金。最要者即西藏文《正续藏》两部，及日本印中文《正续大藏》，其他零星字典及西洋类书百种而已……我今学藏文甚有兴趣，因藏文与中文，系同一系文字。如梵文之与希腊、拉丁及英、俄、德、法文等之同属一系。以此之故，音韵训诂上，大有发明。……旧藏文既一时不能得，中国大藏，吾颇不欲失此机会，惟无可如何耳。又蒙古满洲回文书，我皆欲得。可寄此函至北京，如北京有满、蒙、回、藏文书，价廉者，请大哥、五哥代我收购，久后恐益难得矣……（**陈寅恪 1923 年与妹书，《陈寅恪集·书信集》第 1—2 页，生活·读书·新知三联书店 2001 年 6 月版**）

这封信写于陈寅恪 1923 年在柏林求学期间，从买书的野心便能够看出他强烈的求知欲望，以及向学的一片痴心。

在柏林的傅斯年，那一段时间也有书信留下来，主题鲜明，就是：穷，困，钱，要钱，借钱——

志希足下：

昨信想达。方才接到你的快信，此一件事我想了好几点钟，现在叙述如下。

（一）过去的经历。先是弟在巴黎最后接到朱寄之二十，换了后，还债等已精光，末日只剩了三十佛朗，其手中之二十马克，尚是从吾寄我者也。到了此地，幸员外尚有几文，故用到十一月，过了初十，朱寄来二十镑，交了二月房钱，去其过半，所余的未到月底完。还了员外怎么办呢？幸与老陈（指陈寅恪——引者）定了一约，他先把二十镑之马克给我，我交了学费及他种零费，借给一位更穷的朋友三十马克，交了这月房钱，今天只剩了四个半马克，愁得这两天无以为计也。

这一个半月中，看来像是用了四十，但有百马克余之房钱，像前者，又有火炉子费，又交学费，故实是十分减省。每日吃饭在二马克与三马克之间，未曾看戏一次。书是买了一部藏文法，一部梵文法，一部 Karlgren 的语言学（非其字典），上二件是上课，下一是为写书用。又做了一件应当做，不能做，而竟做了之事，即是把书箱子买了三个。先是弟有书箱子四个，为老童拿去一个，说是老周为我买一个，亦竟未送来，满地书乱七八糟。且明年二月弟离德国，不早预备，到时迁延一月，便吃一月之亏。今夏以书故，未能辞房子，归后计算，深感其累。故发愤从早预备。一日之计，定了三个，后来送来，不能不付钱。去了五十马克光景，此时悔之矣。故此一个半月，实是十分困穷而省之局面也。

（二）此时的打算。上星期初已即向朱要二十镑，大约此星期可寄来。但此是老陈的了，有约在。他即日走，先赴英国，故更无从通融起。那么怎么办呢？上星期一向朱写信时，说有二十方可过年节，当时尚未计算得清楚，信发，觉“斯言之玷，不可为也”。始意觉得这月总可勉强到底，但陈走甚急，姚钱不来。前昨两日，整日思法子。昨天开了一个书单子，择其或有人要者于Hirschwald，未知下文如何？此时满想向朱再要，但如何措辞，且甚无效耳。

寄还兄一事，假如朱处可要，亦非一星期所能成功，照例我要钱是十日至二星期之间。上次巴黎要到之快，是例外者也。上星期要者，他尚未寄来，此时加要，又有前言，必不甚置意，故至早应待至年底，再出一题目去要。盖此时要，必然无效也（以以往经历言）。弟后天即设法子办，今天正思不得术路。昨遇员外，他云，他接到钱，即打电话。但这个谁晓得是如何者？北大此时能电汇学费然耶？弟如日内得从吾处佳音，或思得他法子时，便即以奉闻。朱处在此二星期之内，无可希望。所以先告你这一声。我此时的感觉，是这个Xmas实无法过，专看卖书有效否？

弟于三个星期间，总寄上一数目，这个星期之内，想到现在，尚未尝有法子也。兄能暂时在巴黎多为一个短期二、三星期之通融否？弟年关左右一星期总能寄兄一笔。

要是老陈不走，尚有法，而他即走。他的钱为郭才子、陈泮藻二位借了上路，故他也着急无对。

此时柏林的环境中，比先更窘，故通融之力，更穷。几乎等于不能借分文之局面。这两月，子水、从吾、大维都是赖老陈维持，老陈大苦。老陈走后，更不了矣。弟想明年先请把我这川资垫一半，以送物及去德，故明年正月末，或须亲自一至英国。

现在赶这 Post，又上课去，余待日内叙。

斯年

连着三星期不是甚利害。

弟向朱要钱，有一不便之处，因弟一要，即是三份，每次都有王、张二位在内，故朱亦甚不便。此次川资之计已向王、张二君函商，如不得他同意，弟不进行也。

（傅斯年 1925 年 12 月下旬致罗家伦，《傅斯年文集》第 7 卷第 39—41 页，中华书局 2017 年 10 月版）

这是一封罗家伦催债，傅斯年回复中详细解释为什么还不上债的信。之所以全文引用，就是要说清楚当年这批留学生的生活状况。素有干才的老傅，此时也是一筹莫展，扳着指头数硬币，够为难的。更可叹的是这批留学生已经过上“共产主义”生活了，同为穷光蛋，有钱大家花，谁有急难，谁先花钱。有钱互相借，接力借，像传阅文件似的，都是穷光蛋，只有相濡以沫。他们虽然是官费留学生，然而学费来得经常不及时，杨步伟曾有解释：“那时虽然大多数是官费留学生，总是几个月才得一次费用，国币多数皆花在内战上，朝秦暮楚，无人负责，而不以海外这些将来国家基本的人才为念，即有少许所得也皆由个人自己刻苦而来。”（杨步伟：《杂记赵家》第 71 页）就这样饥寒交迫，吃了上顿不知道下一顿在哪里，一箪食，一瓢饮，他们不改求学之坚心。傅斯年写俞大维：“大维近专治洪、杨历史，日八时起床赴国家图书馆，抄旧稿勤不可言，迥非我们所能想其可以者。”（傅斯年 1926 年 3、4 月间致罗家伦、何思源信，《傅斯年文集》第 7 卷第 49 页）

今天，这些人头上都顶着大师的光环，仿佛做什么都能得到小红花。其实当年，他们的言行就已征服过不少人。吴宓就是陈寅恪的头号粉丝。毛子水也投来敬佩的目光：

> 我于民国十二年二月到德国柏林。那年的夏天，傅孟真先生也从英国来柏林。我见到他时，他便告诉我：在柏林有两位中国留学生是我国最有希望的读书种子：一是陈寅恪；一是俞大维。后来我的认识这两位，大概也是由孟

真介绍的。就我现在所记的而言，当时在柏林朋友聚会谈论的快乐，可以说是我这一生中一件最值得回忆事情。我虽然有习惯的懒性，不能自勤奋，但颇有从善服义的诚心，所以平日得益于这班直、谅、多的朋友不少。（赵元任夫妇游柏林时，寅恪也还在柏林。寅恪、元任、大维、孟真，都是我生平在学问上最心服的朋友；在国外能晤言一室，自是至乐！）［**毛子水：《记陈寅恪先生》，卞僧慧：《陈寅恪先生年谱长编（初稿）》第83页**］

1919年夏天，傅斯年大学毕业后，考取庚子赔款官费留学生，到英国、柏林等大学就读，在海外七年多。那时，他已经是闻名的五四运动的学生领袖之一，然而，他没有满足于这种名号，重做学生，到欧洲去啃面包，这种精神令人敬佩。其次，在这几年中，他的文章越写越少，而像海绵似的吸取欧洲各学科最先进的成果，这是自我更新和自我淘洗的过程。对此，胡适曾不理解，在日记中写道："孟真颇颓放，远不如颉刚之勤。"我看不然，这是一个人的蜕变过程，是做学问能够沉得住气的表现，吸收营养，比急于求成出"成果"、发议论要踏实得多。事实也正是如此，经此锤炼，傅斯年的眼界、学养和基础已经与往昔大不相同，正因为如此，他才有可能驾驭史语所那种多学科、前沿的研究，能够为中国现代学术规划方向。对此，他的传记作者的评价，恰如其分且具有历史眼光："这七年的时间虽然杂乱、颓放，但仍然对傅斯年的思想发展产生了相当大的影响。他不专门的散漫治学方式也使他能够成为一个中国现代学术界的设计师。作为史语所的所长，后来的台大校长，他对各种学术广泛地涉猎使他能够高瞻远瞩。"（王汎森：《傅斯年：中国近代历史与政治中的个体生命》第72页，生活·读书·新知三联书店2012年5月版）

如果我们能够领会像史语所这样的机构对于中国现代学术进程的意义，我们会感叹，傅斯年和他的同学们，是在啃着面包、忍饥挨饿中为现代中国的文化大厦搭起了梁木。

三

1902年，一个叫周树人的学生由江南督练公所派往日本留学，一直到1909年才回国，他在日本待了整整七年。那个时候，他还不叫鲁迅，之前读书的学校是江南陆师学堂附设矿路学堂。按说这样的一个专业背景，又不是什么名校毕业生，到日本来，好好学点技术，将来回国安分守己地当个工程师，一定是衣食无忧，小日子过得有滋有味。很多人留学为的是什么呀，不就是找个出路，拿个文凭，让自己生活得更好吗？可是，他偏不。他要是像很多人那样，周树人也就成不了鲁迅。他关心的问题超出了个人的利益，他操心的是国家、民族、国民，从肉体到精神，他在为一个古老的民族的前途而忧心。

据他的老朋友许寿裳说，当时他关心的问题是这些：

> 鲁迅在弘文时，课余喜欢看哲学文学的书。他对我常常谈到三个相联的问题：一，怎样才是理想的人性？二，中国国民性中最缺乏的是什么？三，它的病根何在？这可见当时他的思想已经超出于常人。后来，他又谈到志愿学医，要从科学入手，达到解决这三个问题的境界。我从此就非常钦佩：以一个矿学毕业的人，理想如此高远，而下手工夫又如此切实，真不是肤浅凡庸之辈所能梦见的。（许寿裳：《怀亡友鲁迅》，《我所认识的鲁迅》第6—7页，人民文学出版社1978年6月北京第3版）

一个有这样抱负的人，那些年，他默默地过着非常艰苦的学生生活，胸怀天下，又踏踏实实。他贪婪地吸收新知识新思想，从不旁骛，甚至极少出去游玩：

> 鲁迅在东京研究文艺的时候，兼从章太炎师习文字学，从俄国革命党习俄文，又在外国语学校习德文，我都和他在一起。他生平极少游览，留东七年，我记得只有两次和他一同观赏上野的樱花，还是为了到南江堂买书之便。其余便是同访神田一带的旧书铺，同登银座丸善书店的书楼。

他读书的趣味很浓厚，决不像多数人的专看教科书；购书的方面也很广，每从书店归来，钱袋空空，相对苦笑，说一声“又穷落了！”这种由于爱好而读书，丝毫没有名利之念。（**许寿裳：《回忆鲁迅》，同前，第 61 页**）

我估计“极少游览”的另外一个原因是囊中羞涩。一个留学生，或者是一个文化人，生活朴素、简单一点，很正常，他们心里追求的不应当是灯红酒绿、纸醉金迷，不能什么事情都要跟富商巨贾比（这倒是现在的风气，说知识分子生活不好，经常拿世界富豪做对比），清贫也好，清苦也罢，本来都是人生应有之义。每个社会角色都有它的命运，也各有使命，不要就此望彼，抱太多非分之想。

一个人处在不是要风得风要雨得雨的环境中，不气馁，想有为，有一点很重要，那就是你还会有“理想”吗？理想是看不到摸不着的，就像远方的灯光。理想是那么缥远，你又将如何让它与现实中的柴米油盐成为难兄难弟呢，这是需要思考并付诸行动的。周作人多次回忆鲁迅和他在东京时的简单生活，学德文，勤买书，做翻译等等。“鲁迅最初志愿学医，治病救人，使国人都具有健全的身体，后来看得光是身体健全没有用，便进一步的想要去医治国人的精神……这回他的方法是利用文艺，主要是翻译介绍外国的现代作品，来唤醒中国人民，去争取独立与自由。他决定不再正式的进学校了，只是一心学习外国文，有一个时期曾往‘独逸语学协会’所设立的德文学校去听讲，可是平常多是自修，搜购德文的新旧书报，在公寓里靠了字典自己阅读。”“鲁迅那时的生活不能说是怎么紧张，他往德文学校去的时候也很少，他的用功的地方是公寓的一间小房里。早上起来得很迟，连普通一合牛乳都不吃，只抽了几枝纸烟，不久就吃公寓的午饭，下午如没有客人来（有些同乡的亡命客，也是每日空闲的），便出外去看书，到了晚上乃是吸烟用功的时间，总要过了半夜才睡。”（**周作人：《鲁迅的青年时代》第36—38页，河北教育出版社2002年1月版**）鲁迅很自律，而做弟弟的周作人因为有大哥罩着，则少不得懒散些，为此还吃了哥哥的“老拳”：“大概我那时候很是懒惰，住在伍舍里与鲁迅两个人，白天逼在一间六席的房子里，气闷得很，不想做工作，因此与鲁迅起过冲突，他老催促我译书，我却只是沉默的消极对付，有一天他忽然愤激起来，挥起他的老拳，在我头上打上几下，便由许季茀赶来劝开了。”（**周作人：《知堂回想录》第261页，河北教育出版社2002年1月版**）时光稍纵即逝，人生咬牙奋斗也就那么几年，几年下来，一辈子的基础都有了。鲁迅是一个有时间紧迫感的人，所以我们也就能理解，为什么他才活了五十五岁，居然做了那么多的事情。

拿了官费，生活并不宽裕，他们没有把这钱用来花天酒地，而是要办一份杂志，让同胞们能够“新生”。那点钱，哪里够？杂志出不成，不妨碍他省吃俭用搜集书刊和准备资料上。这种人，怎么说好呢，现在是不是有人会大为不解，他们生活在现实里，心却总在远方，你不能先想想自己的生活？——这是今人的思维，正像有一日，与朋友坐车在西湖边上走，大家讲到张静江当年以家产资助革命的事情。司机突然插嘴问：你们说的是真的吗？听到肯定的回答，他更为不解：这个人脑袋出问题了？——继续看周作人的回忆吧：

> 鲁迅的文艺运动的计划是在于发刊杂志，这杂志的名称在从中国回东京之前早已定好了，乃是沿用但丁的名作《新生》，上面并写拉丁文的名字。这本是同人杂志，预定写稿的人除我们自己之外，只有许寿裳、袁文薮二人。袁在东京和鲁迅谈得很好，约定自己往英国读书，一到就写文章寄来，鲁迅对他期望最大，可是实际上去后连信札也没有，不必说稿件了。剩下来的只有三个人，固然凑稿也还可以，重要的却是想不出印刷费用来，一般官费留学生只能领到一年四百元的钱，进公立专门的才拿到四百五十元，因此在朋友中间筹款是不可能的事，何况朋友也就只有这三个呢？看来这《新生》的实现是一时无望的了，鲁迅却也并不怎么失望，还是悠然的作他准备的工

作，逛书店，收集书报，在公寓里灯下来阅读。（周作人：《鲁迅的青年时代》第38页）

“不怎么失望”，是接受现实；“悠然的作他准备的工作”，是方向明确后，一个人拥有的韧性和定力。一件事情不遂心，就捶胸顿足、抱怨连天的人，终将一事无成。王国维不是说了吗，古今成大事业者，要能独上高楼，也得衣带渐宽终不悔。

那个时代的人，做事情的气魄都很大，鲁迅关注被压迫的弱小的民族文学，从广泛搜罗各种材料中，我们能够看出他的眼光和格局：

《新生》的介绍翻译方向便以民族解放为目标，搜集材料自然倾向东欧一面，因为那里有好些“弱小民族”，处于殖民地的地位，正在竭力挣扎，想要摆脱帝国主义的束缚，俄国虽是例外，但是人民也在斗争，要求自由，所以也在收罗之列，而且成为重点了。这原因是东欧各国的材料绝不易得，俄国比较好一点，德文固然有，英日文也有些。杂志刊行虽已中止，收集材料计划却仍在进行，可是很是艰难，因为俄国作品英日译本虽有而也很少，若是别的国家如匈牙利，芬兰，波兰，捷克斯洛伐克，保加利亚，南斯拉夫（当时叫塞尔维亚与克洛谛亚），便没有了，德译本虽有但也不到东京来，因此购求就要大费气力。鲁迅查各种书目，又在书摊购买旧德文文学杂志，看广告及介绍中有什么这类的书出版，托了相识的书店向丸善书店定购，这样积累起来，也得到了不少，大抵多是文库丛书小本，现在看这些小册子并无什么价值，但得来绝不容易，可以说是“粒粒皆辛苦”了。他曾以一角钱在书摊上买得一册文库本小书，是德文译的匈牙利小说，名曰《绞刑吏的绳索》，乃是爱国诗人裴多菲所作，是他唯一的小说。这册小书已经很破旧了，原来装订的铁丝锈断，书页已散，可是鲁迅视若珍宝，据我的印象来说，似乎是他收藏中唯一宝贵的书籍。（**周作人：《鲁迅的文学修养》，《鲁迅的青年时代》第 56—57 页**）

学生买一本书也不容易，都是些小册子、文库本。理想不是空洞的，它就是这样一本一本积攒起来的。鲁迅后来说：“我们在日本留学时候，有一种茫漠的希望：以为文艺是可以转移性情，改造社会的。因为这意见，便自然而然的想到介绍外国新文学这一件事。但做这事业，一要学问，二要同志，三要工夫，四要资本，五要读者。第五样逆料不得，上四样在我们却几乎全无：于是又自然而然的只能小本经营，姑且尝试，这结果便是译印《域外小说集》。”（**鲁迅：《〈域外小说集〉序》，《鲁迅全集》第 10 卷第 161 页，人民文学出版社 1981 年版**）“五样”差一点一样都不存，他们居然要做起来，《域外小说集》当时才卖了二十多本，这项事业自然不能说是成功。但是，人做事不是数钱，一日没有进项，便认为是无用功。周氏兄弟终究是成功了，从小处讲，他们后来译书，编刊物，绍介外国文学，哪一样能脱了东京时代的影响？从大处论，他们用一支笔刷新了这个千年古国的精神。特别是鲁迅，他的精神炬火至今仍然炙烤着国民，在过去的一百年，很难找出另外一位作家对一个民族有这么大的影响，他可以说是中国的国民作家。由此回溯，说他留日期间的那些种种努力，即是播下的种子，没有这些，哪来的鲁迅？

那一代的留学生，不惟鲁迅，还有胡适、陈独秀等等很多人，他们从异域带回来的不是一张文凭（像陈寅恪学了那么多东西，没有得过一个学位，没有文凭），也不纯粹是技术，而是思想。他们是盗火者，对于一个民族而言，这个火种才是更可贵的，它们最后才造就了燎原之势。思想，不是固体，不是一个完成时，它是发动机，它是活力的源泉，它是使一个民族能够反思自己、获得新生的催化剂。这才是技术至上的人想象不到的“大国重器”。

2020 年 6 月 3 日晚

大学，常常被想象成“象牙之塔”，有多高且不论，尘世的风沙好像是吹不进这里，它如象牙一样洁白无瑕。这里有荷塘月色，有书声琅琅，有老师春风化雨，因材施教，有同学风华正茂、团结友爱……一切事情理想化的油漆涂得越厚，现实的面目也就越容易让人失望。象牙塔有点狭窄，偏偏里面肥胖粗壮的大佬却格外多，大家磕磕碰碰在所难免，再严重一点，勾心斗角的事情、各种“学术政治”也并不算少，且中外皆然——近年约翰·威廉斯的流行小说《斯通纳》讲的就是这类事儿。不过，毕竟这是知识人聚集的地方，打架也不能像李逵、张飞那样张牙舞爪，大家是“文明”里抡板斧，斯文中出利刃。当然，如何处理这些不愉快的事，倒也能看出人性与人品来。

一

话说1934年年初，清华园里就发生这样一件事情，为了一个出国的推荐名额，从当时的历史系一直闹到学校甚至教育部层面，事儿闹得挺大，清华大学校长办公处不得不在校内的布告栏中贴出如此严厉的第一〇〇号通告：

> 查关于本大学选派研究院毕业生出国研究一节，研究院章程第十四条载有“凡在大学研究院毕业生，其学分成绩至 1.05，毕业考试及论文成绩均在上等以上者，得由各系主任推荐于评议会，择优派遣留举”。该条文订定之原意，本为慎重选拔，择优深造。最近本大学评议会讨论本届研究院毕业各生问题时，亦曾根据立法原意，佥认此条乃指各系对于各该系毕业生之进修能力，应先加审核，决定推荐与否，并非指成绩在上等以上者，均须由系主任推荐于评议会。又查本届研究院毕业之推荐手续，约曾经各系教授分别集会，详加商讨，由各研究导师发抒意见，共同议决，然后由该系主任具函推荐。更查历史系最近为推荐本届研究院该系毕业生出国研究事，曾于上年十一月六日召集全系教授，共同商决，只荐邵君一人。近复由该系教授陈寅恪先生来函声明经过情形。事实俱在，不难覆案。现查本届研究院历史系毕业生朱延丰，未经派遣出国研究，有所声辩，曾一再详为解说，恳切劝导，竟不自悟，反肆意攻讦历史系主任，复诬蔑本大学评议会。似此抹杀事实，淆惑观听，殊负本校多年作育之旨，良堪痛惜。是后该生

如再有此类逾越常轨之言动，本校为维持风纪计，只得从严惩处，以端士习。诚恐此事经过原委，各生或未深悉，致为所惑。特此详加申告，俾得周知。此布。校长梅贻琦。中华民国二十三年一月十二日。［卞僧慧：《陈寅恪先生年谱长编（初稿）》第159—160页，中华书局2010年4月版］

这是一桩因为出国名额之争而引发的事件，布告中提到的事情，学者梁晨已有专文《一案四史家：“朱延丰出国案”考察》（刊香港浸会大学《当代史学》第7卷第2期，2006年2月）所述甚详，参考该文对布告中几个细节可以略做补充：当事人朱延丰，1925年考入清华大学，1929年本科毕业后任清华大学历史系助教，1930年后考取清华研究院，导师为陈寅恪。当时的历史系主任是史学家蒋廷黻，在讨论出国名额时，他推荐邵循正，并获得教授评议会获得通过。朱延丰认为自己的成绩也符合推荐资格，却未获系主任推荐，这是不公正，他为此多方申辩，上书系主任、校长、评议会，并联合同级同学上书，给校方施加压力。在无果后，他又将此事引到校外，上书国民政府教育部，并约请北平律师公诸舆论，认为蒋廷黻公报私仇，他受到不公正待遇，必要时对簿公堂维护权益。学校方面，如上述公告那样对此事屡次解释：学生对规定理解有误，并非成绩上等者即可获推荐，第一推荐权在系主任，从已有程序看，蒋廷黻所为没有不当。

这份布告措辞严厉，等于喝断此事，警告学生不能再有越轨之举。学校能如此硬气，敢于大胆叫停此事，朱延丰的导师陈寅恪教授的态度至为关键。学校的布告中特别提到："近复由该系教授陈寅恪先生来函声明经过情形。事实俱在，不难覆案。"陈寅恪的态度，一方面可以影响他的学生，另外一方面对于历史系和校方也举足轻重。当时，清华大学国学院四大导师中比陈资历老的王国维、梁启超已经去世，赵元任比他年轻，从资望而言，难有与陈抗衡者。故而在历史系，甚至清华整个文科中，陈的话语权恐怕少有人可以撼动。1934 年，该校文学院代院长蒋廷黻总结历史系近三年概况时说："国史高级课程中，以陈寅恪教授所担任者最重要。三年以前，陈教授在本系所授课程多向极专门者，如蒙古史料、唐代西北石刻等，因学生程度不足，颇难引进。"（**刘桂生、欧阳军喜：《陈寅恪先生编年事辑补》，王永兴编：《纪念陈寅恪先生百年诞辰学术论文集》第 436 页，江西教育出版社 1994 年版**）在教学中，陈寅恪不可被取代。学问之外，陈的性格也是说一不二的，他要做什么，从不婆婆妈妈，倘要举贤不必避亲。陈教授对于一心想出国深造的学生是支持还是反对呢？他的这封信明确道出，他是站在系主任、校方一面的：

月涵吾兄先生执事：

朱君不派出洋事，当日教授会议时，弟首先发表，宜只派邵君一人。廷黻先生时为主席，询问大家意见，益无主张。迨弟发表意见后，全体赞同，无一异议。弟之主张绝不顾及其他关系。苟朱君可以使弟发生出洋必要之信念者，必已坚持力争无疑也。至谓系主任与之有意见（无论其真有与否，即使有之，亦与弟之主张无关涉），“其他教授亦随同系主任之主张”者，则不独轻视他教授之人格，尤其轻视弟个人人格矣。总之，此次史学系议决只派邵君而不派朱君一事，弟负最大最多之责任。此中情形经过如此，恐外间不明真相，特函陈述。如有来询者，即求代为转述，藉明真相而祛误会为荷。敬叩

日安！

弟　寅恪顿首

（一九三三年三月）三日

（陈寅恪1934年1月8日致梅贻琦信，《陈寅恪集·书信集》第150—151页，生活·读书·新知三联书店2001年6月版）

这是斩钉截铁的表态，陈寅恪认为朱延丰不够出国留学资格，他还强调：如果他认为够的话，也不会顾及各方面关系而

必然会推荐的。所以，当日教授会中，他第一个起来发言支持把这个名额给不是他学生的邵循正，是出于公心，系主任提议的人选正是陈寅恪本人赞同的。陈寅恪还说明：那一天，蒋廷黻作为会议主席，并没有倾向性或暗示性发言，他按照程序询问其他教授的意见，结果是“全体赞同，无一异议”。从程序上而言，他没有徇私舞弊的行为。——联想到而今学术江湖中，大佬们为子弟争名争利，不惜动手动脚，陈寅恪的态度不由地让人肃然起敬。陈寅恪信中有几句话说得很重，由此我们也会明白，他何以有这样的态度与原则，那不是利益、派别、师生这些具体关系，而是“人格”。他认为，他做出这样的决定是有人格做支持的，其他教授坚持或放弃自己的意见也是有人格承担的，大家（至少在陈寅恪看来）不会为这样的事情失去自己的判断，也不会为此就附和、攀附系主任。

邵循正、朱延丰，两个学生的资历，邵比朱浅，这或许也正是朱心里不服的一个重要原因吧。陈寅恪此事中的态度能够看出，一他是维护教授评议会的合法性的，甚至揽过系主任的责任，“弟负最大最多之责任”，这些是息事宁人，“到此为止”的态度。二他对于学生在学术上的要求的确是严格。有人引朱自清 1933 年 3 月 23 日日记，认为朱延丰的学术水准不低：“下午考朱延丰君，答甚佳，大抵能持论，剖析事理颇佳。陈先生谓其精深处尚少，然亦难能可贵。”（《朱自清全集》第9卷第208页，江苏教育出版社1998年3月版）“答甚佳”，这个评价不低，也是事实，但是，我们别忘了，这只是朱自清的评价，而朱自清的长项并非是突厥史研究，真正的权威陈寅恪虽有“难能可贵”的评语，还是“谓其精深处尚少”，这是有保留的，也可以说朱延丰的论文是否达到陈寅恪的要求，真的得仔细考量。十年后，陈寅恪在为朱延丰《突厥通考》出书作序时，毫不隐讳地提到这一点：“朱君延丰前肄业清华大学研究院时，成一论文，题曰《突厥通考》。寅恪语朱君曰：‘此文数据疑尚未备，论断或犹可商，请俟十年增改之后，出以与世相见，则如率精锐之卒，摧陷敌阵，可无敌于中原矣。’盖当日欲痛矫时俗轻易刊书之弊，虽或过慎，亦有所不顾也。朱君不以鄙见为不然，遂藏之箧中，随时修正。迄于今日，忽已十年。”（陈寅恪：《朱延丰突厥通考序》，《陈寅恪文集·寒柳堂集》第162页，生活·读书·新知三联书店2001年4月版）十年后，老师才肯定了学生的成绩；十年后，老师也没有忘记当初对学生的评语。

摊上一个这样的学术大师当老师，做学生的是不是总要战战兢兢，如履薄冰啊。陈寅恪严厉是一面，暖如春风的举动也不是没有。梁晨在《一案四史家：“朱延丰出国案”考察》中写道："陈寅恪对朱延丰的生活也颇为关心，这也是其对学生的一贯态度。朱延丰入研究院后，曾经爱慕上北平女子篮球队的一位女子，但恋情半年后即告终止，这令朱延丰十分痛苦，甚至因此离校旷课达两个星期之久。陈寅恪为此很是着急，不仅自己寻找，还特地令朱延丰的同学罗香林去寻找。朱延丰回来后，陈寅恪知道他心情郁闷，便把他推荐给胡适去帮着搞点翻译工作，以为寄托。同时，陈寅恪还去函胡适，希望其能亲自和朱延丰进行一次面谈。"给胡适的这封推荐信现在也保留下来了，再一次让我看到大师的"人格"：

适之先生：

昨谈钱稻孙先生欲译《源氏物语》，谅蒙赞许。近来又有清华教员浦君江清欲译 Ovid 之 *Metamorphoses*。不知公以为然否？浦君本专学西洋文学，又治元曲，于中西文学极有修养，白话文亦流利，如不译此书，改译他书，当同一能胜任愉快也。

又，清华研究院历史生朱君延丰（去年曾为历史系助教，前年大学部毕业生也）欲译西洋历史著作，不知尊意以为如何？是否须先缴呈试译样本，以凭选择？

大约此二君中，浦君翻译正确流畅，必无问题，因弟与之共事四五年之久，故知之深。朱君则历史乃其专门研

究，译文正确想能做到；但能流畅与否，似须请其翻译一样式，方可评定也。匆此奉陈，敬叩

著安！

弟 寅恪顿首

（一九三一年）二月七日午后九时

（陈寅恪1931年2月7日致胡适信，《陈寅恪集·书信集》第135—136页）

推荐自己的助手和学生，自然是出于爱护的目的，讲一点过头的话，似乎无伤大雅。至于把自己喜欢的人，说得天花乱坠以期对方接受的事情也并不少见，大家都会觉得情有可原。陈寅恪此信，既表现出他对年轻人的关心，以自己的资望为他们谋差事谋发展，又能够看出他的分寸、原则，推而言之，他言而有信，不做妄言。信中，比较浦、朱二人，对各之所长，说得清楚，对于可能存在的短板也毫不掩饰。他认为二人承担译书的工作，浦江清比较有把握，原因便在于浦的专业是西洋文学，白话文亦不错，又做过自己的助手，陈寅恪认为对他比较了解。而朱延丰主要从事历史研究，翻译历史著作，在专业范围内，“正确”当不成问题，但朱毕竟是新手，翻译上的经验和能力尚缺锻炼，究竟能做到什么程度，陈寅恪不能打包票，他建议可以出一试样，以备胡适判断、取舍，这也是为胡适负责。

陈寅恪推荐朱延丰是郑重的、认真的，他还有两封信谈到此事。一是给学生罗香林的信中提到：“朱延丰君编译事，待得知详悉情形再面谈。乞转达。”（陈寅恪1931年4月18日致罗香林信，同前，第144页）这也是对朱延丰请托的回复。到那一年年底，他又介绍朱延丰去见胡适：“适之先生：前函介绍之朱延丰先生欲面谒公，有所承教，敬蕲接见为幸。”（陈寅恪1931年12月3日致胡适信，同前，第138页）可见他推荐一个人有始有终，并不是接受请托敷衍一下，由此也能判断出，他也不会随随便便就推荐一个人。不过，还是那一句话：师生之情谊是情谊，学术问题上的原则是原则，兹事体大，因为它已经超越个人关系，乃是为天下造“公器”，在这一点上，做老师不偏袒，不马虎，甚至比别人还严厉些。

我看过一个故事，忘记了出处，说陈寅恪在日本学术界声望甚高。当年中国学生申请到某知名大学读书须通过一个考试。一位中国学生去申请入学，教授得知他的毕业论文指导老师是陈寅恪，对他说：你可以免考了。——此事或许可以归于“传说”一类，可是，这么传说，证明陈寅恪在外人的眼里是靠谱和信誉的保证。这样一种声望，这样一种信任，恰恰来自陈寅恪的严格。老话讲，人无信则不立。“陈寅恪”这个名字成为一种确信和保证，恰恰在于他平常这种毫不含糊的坚持。

二

老师对学生是春风，还是秋风，在一个尊卑有序的国度里，似乎都不要紧。反过来，学生对老师如果不敬，可就是大逆不道了。偏偏有个人年少气盛，虽不能说对老师“大不敬”，但也的确让老师好生恼怒。这个人是钱锺书，那老师是做尽各种事情让人窃笑而又叹息的吴宓先生。

事情是由温源宁的一篇短文《吴宓先生》引起的。温源宁，1927 年起担任清华大学西洋文学系教授，算是吴宓的同事，1934 年应上海的英文刊物《中国评论周报》（*The China Critic Weekly*）的约请，他用英文写了一组人物素描，吴宓、胡适、徐志摩、周作人、梁遇春、王文显等17位名人都被他幽默了一下。1935 年，该书由上海别发洋行（Kelly & Walsh, Ltd.）出版发行。这组文章笔调轻松，文字幽默，写的又是名人，发表出来颇引起知识界注意。1934 年 4 月 20 日出版的《人世间》杂志上，林语堂手痒，亲自翻译其中的吴宓、胡适两篇。1937 年 2 月 20 日出版的《逸经》第 24 期又重刊了写吴宓这篇（题目为《吴宓——学者而兼绅士》，倪受民译）。温源宁此文从吴宓的相貌写到性格，通篇都是调侃文字，诸如：“吴先生的面貌呢，却是千金难买，特殊又特殊，跟一张漫画丝毫不差。他的头又瘦削，又苍白，形如炸弹，而且似乎就要爆炸。头发好像要披散下来，罩住眼睛鼻子，幸而每天早晨把脸刮干净，总算有所修整了。他脸上七褶八皱，颧骨高高突起，双腮深深陷入，两眼盯着你，跟烧红了的小煤块一样……”（温源宁：《吴宓先生》，《一知半解及其他》第4页，南星译，辽宁教育出版社2001年2月版）这也就罢了，我觉得最后有两段话，说得虽然很随意，却是看穿了吴宓，也触到吴宓的痛处：

> 一个孤独的悲剧角色！尤其可悲的是，吴先生对他自己完全不了解。他承认自己是热心的人道主义者、古典主义者；不过，从气质上看，他是个彻头彻尾的浪漫主义者，这一点，因为吴先生那么真挚，那么表里如一，所以谁都看得出来，除了他本人！他赞赏拜伦，是众所周知的。他甚至仿照《哈罗尔德公子》写了一篇中文长诗，自相矛盾，然而，谁也不觉得这是个闷葫芦，除了他自己！（同前，第6页）

吴宓读到这篇文章后，怒从中来，在日记中大骂：

> 晚，在图书馆，见《逸经》24期，有倪某重译温源宁所为英文我之小传，而译其题曰《□□——一个学者和绅士》，不曰“君子人”。译笔亦恶劣。尤可恨者，编者简又文乃赘词曰，使吴君见之，必欣然，谓“生我者父母，

知我者源宁也”。呜呼，温源宁一刻薄小人耳，纵多读书，少为正论。况未谙中文，不能读我所作文。而此一篇讥讽嘲笑之文章，竟历久而重译。宓已谢绝尘缘，而攻诋中伤者犹不绝。甚矣，此世之可厌也。宓以种种中国之男人女人，比较评量，益觉 Harriet 之精神感情见解之高尚浑厚，可爱可敬，真天人矣。（吴宓 1937 年 2 月 28 日日记，《吴宓日记》第 VI 卷第 81 页，生活·读书·新知三联书店 1998 年 3 月版）

温源宁在《一知半解》的序言中说过：“这本小书里，如有触犯了人的言语，乃是无心之失，希望谁也不见怪。不过，也还可能有一两个人对某些涉及他们的议论产生反感，若果然如此，尚请原谅。”（温源宁：《小引》，《一知半解及其他》第 3 页）莫非那时候他就听到什么反应，还是对未来的成功预言呢，我不得而知。不过，吴宓的火气还在后面呢。此时，他的宝贝学生钱锺书出场了。在《一知半解》（钱译作《不够知己》）英文版面世后不久，钱锺书在 1935 年 6 月 5 日出版的《人间世》第 29 期上发表了一篇书评，目前出版的《吴宓日记》恰恰缺失了这一时段的内容，不知道吴宓当时是否看到此文，倘若看到又作何感想。反正文章提到吴宓，仿佛是替他辩护：“又如被好多人误解的吴宓先生，惟有温先生在此地为他讲比较公平的话：在一切旧体抒情诗作者中，吴先生是顶老实、顶严重、顶没有 Don Juan 式采花的气息的；我们偶尔看见他做得好的诗，往往像 Catullus 和 Donne，温先生想亦同有此感。”（钱锺书：《不够知己》，《钱锺书集·人生边上的边上》第 336 页，生活·读书·新知三联书店 2019 年 10 月第 2 版）这是赞扬温源宁的公正，倘若钱锺书知道吴宓对温文的态度，那么，这种赞扬不仅完全落空，反而是与温源宁合作起来加倍“攻讦”。在这几句之前，钱锺书还有一段话：“温先生往往在论人之中，隐寓论文，一言不着，涵意无穷。例如徐志摩先生既死，没有常识的人捧他是雪莱，引起没有幽默的人骂他不是歌德；温先生此地只淡淡地说，志摩先生的恋爱极像雪莱。”（同前，第 336 页）温源宁在《徐志摩先生》中是谈到了雪莱，可是，钱锺书说“例如徐志摩先生既死，没有常识的人捧他是雪莱”，他的老师吴宓会不会敏感呢？因为吴宓在徐志摩去世后写过一篇《徐志摩与雪莱》。

俱往矣，这个旧事也就罢了。1937 年，吴宓大骂温源宁之后一个月，收到留洋在外的钱锺书所寄书信和稿子。稿子是用英文写的，题目叫 *A Note on Mr.Wu Mi & His Poetry*，翻译成中文便是《关于吴宓先生及其诗》。吴宓读后，内心的怒火再次燃起，温源宁的旧作与钱锺书此时的评论文章全然搅合到了一起，他在日记里伤心地写道：

下午，接钱锺书君自牛津来三函，又其所撰文一篇，题曰 ***Mr.Wu Mi& His Poetry***，系为温源宁所编辑之英文《天下》月刊而作。乃先寄宓一阅，以免宓责怒，故来函要挟宓以速将全文寄温刊登，勿改一字。如不愿该文公布，则当寄还钱君，留藏百年后质诸世人云云。至该文内容，对宓备致讥诋，极尖酸刻薄之致，而又引经据典，自诩渊博。其前半略同温源宁昔年 ***China Critic*** 一文，谓宓生性浪漫，而中白璧德师人文道德学说之毒，致束缚拘牵，左右不知所可云云。按此言宓最恨……所患者，宓近今力守沉默，而温、钱诸人一再传播其谰言，宓未与之辩解，则世人或将认为宓赞同其所议论，如简又文所云“知我者源宁也”之诬指之态度，此宓所最痛心者也。至该文后半，则讥诋宓爱彦之往事，指彦为 super-annulated Coquette，而宓为中年无行之文士，以著其可鄙可笑之情形。不知宓之爱彦，纯由发于至诚而合乎道德之真情，以云浪漫，犹嫌隔靴搔痒。呜呼，宓为爱彦，费尽心力，受尽痛苦，结果名实两伤，不但毫无享受，而至今犹为人讥诋若此。除上帝外，世人孰能知我？彼旧派以纳妾嫖妓为恋爱，新派以斗智占对方便宜为恋爱者，焉能知宓之用心，又焉能信宓之行事哉？……

又按钱锺书君，功成名就，得意欢乐，而如此对宓，犹复谬托恭敬，自称赞扬宓之优点，使宓尤深痛愤。乃即以原件悉寄温君刊登，又复钱君短函（来函云候复），告以稿已照寄。近今宓沉默自守，与人无争，而犹屡遭针刺鞭挞。几于岩穴之间、斗室之内，亦无宓一线生路者，可哀也已！（吴宓 1937 年 3 月 30 日日记，《吴宓日记》第 VI 卷第 96—97 页）

批评钱锺书“功成名就，得意欢乐”，看来，吴宓是真的动怒了。钱锺书文中说什么了？他是这样写老师的：

吴宓从来就是一位喜欢不惜笔墨、吐尽肝肠的自传体作家。他不断地鞭挞自己，当众洗脏衣服，对读者推心置腹，展示那颗血淋淋的心。然而，观众未必领他的情，大都报之以讥笑。所以，他实际上又是一位“玩火”的人。像他这种人，是伟人，也是傻瓜。吴宓先生很勇敢，却勇敢得不合时宜。他向所谓“新文学运动”宣战，多么具有堂吉诃德跃马横剑冲向风车的味道呀！而命运对他实在太不济了。最终，他只是一个矛盾的自我，一位“精神错位”的悲剧英雄。在他的内心世界中，两个自我仿佛黑夜中的敌手，冲撞着，撕扯着。……

没有哪个正常人能像他那样拥有两颗心灵，尽管一位正常人也会出于实用目的而良心不安，但精神上不会有冲突。他的心灵似乎处在原始浑沌的状态，以致不能形成任何道德差异——又湿又沾的泥饼是不会被缺乏智慧的灯火烤干的，与其说他的心灵没有开化，倒不如说没有个性。但吴宓先生的心灵似乎又处在一种缺乏秩序的混乱状态——每一种差异在他脑海里都成为对立。他不能享受道德与植物般平静的乐趣，而这些是自然赐予傻瓜、笨伯与孩子的礼物。他总是孤注一掷地制造爱，因为他失去了天堂，没有一个夏娃来分担他的痛苦、减轻他的负担。隐藏于他心理冲突之后的是一种新、旧之间的文化冲突。他不是一个伟大的诗人，但他无疑是当代最复杂的一个人物，他通过写诗来寻求解脱……（**英文原文收于《钱锺书英文文集》，外语教学与研究出版社 2005 年 9 月版，本段中译文引自沈卫威：《情僧苦行：吴宓传》第 188—189 页，东方出版社 2000 年 10 月版**）

我不得不佩服这个学生识见之广博、目光之敏锐，但越是如此，就越是捅向老师心里的一把利刃。吴宓痛苦不堪，当天把这些观点说给贺麟听："贺麟来上课。宓送之上汽车入城，告以钱所撰文。麟谓钱未为知宓，但亦言之有理云云。宓滋不怿。世中更无一人能慰藉、愿慰藉我者也。"（**吴宓 1937 年 3 月 30 日日记，《吴宓日记》第 VI 卷第 97 页**）贺听过后认为"言之有理"，这让吴宓更为伤心，更认为除了上帝，天下无人能理解他。世人对他尽是"误解"，这是吴宓的想法，其实，最大的误解恰恰来自他自己。

吴宓与钱锺书的恩怨有很多人专门研究过，本文不想多做探讨，我重翻旧账，所关注的还是学生和老师在这件事上的态度。贺麟认为钱文“言之有理”，那么，说钱锺书考虑不周致使老师伤心倒是有可能的，但扣上刻意讽刺老师，“功成名就，得意欢乐”的帽子则好像过分了。我倒宁愿这么看：这就是钱锺书对老师的真实看法，吾爱吾师吾更爱真理，他就这么说出来了。孟浪了些，却真实了很多。吴宓日记中说：“乃先寄宓一阅，以免宓责怒……”这说明钱锺书并非书呆子，他已经考虑到这些话老师会不高兴，关键是明知如此还是写了，明人不做暗事也寄给老师看了。我感到，文章千古事，文字不是游戏，那里有见解、观点，还有人格、文格，不能苟且也不能对读者、对自己撒谎，关系、情面也就顾不上了。——“吴先生对他自己完全不了解”，这是温源宁评价吴宓的话，看了《吴宓日记》后，我愈发相信这话说得千真万确，学生钱锺书的文章同样也是一针见血。

江湖险恶，世俗是一把杀人的刀子。半个多世纪以后，1993年，钱锺书有机会读到吴宓日记——里面有对他的不满，也有很多赏识他才华的记录——此时，已为“文化昆仑”的他以非常谦恭的态度把一切过错都揽在自己身上，深悔少年孟浪，赶紧要填补这个道德的大窟窿。他给吴宓的女儿吴学昭的信中写道："余卒业后赴上海为英语教师，温源宁师亦南迁来沪。渠适成 *Imperfect Understanding* 一书，中有专篇论先师者；林语堂先生邀作中文书评，甚赏拙译书名为《不够知己》之雅切；温师遂命余以英语为书评。弄笔取快，不意使先师伤心如此，罪不可逭，真当焚笔砚矣！""先师大度包容，式好如初；而不才内疚于心，补过无从，惟有愧悔。倘蒙以此书附入日记中，俾见老物尚非不知人间有羞耻事者，头白门生倘得免乎削籍而标于头墙之外乎！"（钱锺书：《〈吴宓日记〉序言》，《钱锺书集·人生边上的边上》第233—234页）这样的"补悔"，至少能证明钱锺书在当年的无心之过，也符合当今大儒的慈祥、和善的公众期待。中国人的传统说法：一日为师终身为父。师如父母，也就是将两者在伦理上的平等取消了，对父母历来要讲恭敬和孝顺的，对老师的不恭，那可不行。

父慈子孝，家庭和谐，这本来是很好的事情。偏偏出来个鲁迅，认为生儿育女、传宗接代乃是做父母的天然责任，子女们没有什么"恩"可感，更不能拿这"恩"来要挟子女使之为己牺牲，子女不是父母的财产，也不是他们的奴才，相互间若有关系，除了"爱"，不应是其他。（见鲁迅：《我们现在怎样做父亲》，收《鲁迅全集》第1卷，人民文学出版社1981年版）

这下子更乱了，那么胜过父母的老师呢，他与学生应该是什么关系？以吴宓和钱锺书关系为例，他们处理得还不错，吴宓虽然一辈子对钱锺书不是痛快地满意，但那都是记在日记上的话，表面上恐怕还是君子依旧。晚年钱锺书的检讨一洗刻薄之名。呜呼，钱锺书当然要检讨，不然这个罪名他怎么顶得下来？不过，有时候，我也怀念那个少年孟浪的钱锺书，他更真实，他也让我看到，老师和学生本来是为了传道、求知所结成的自然、平等的关系，不能畸形化为主奴关系，更不能变成江湖老大与众小弟的关系。

三

与钱锺书相比，知堂老人周作人的文字，多给人以平和、冲淡的印象。不过这种印象未免失之片面，周作人火气大的时候比钱锺书直接多了。钱锺书对老师，无非是借书评微讽，是忍不住开开玩笑，而周作人则直接炮轰老师，来个《谢本师》，主动跟老师说拜拜，而且还登载在公开发行的杂志《语丝》上，等于昭告天下。

关于此事的背景，钱理群在《周作人传》中是这么写的：

这一年（1926），正当以孙中山为首的广东革命政府酝酿着发动北伐战争，周作人在日本时期求师过的章太炎突然与北洋军阀吴佩孚、孙传芳等打得火热，组织所谓“反赤救国大联合”，自任“干事会”主席，发表宣言与通电，叫嚷“以北事付之奉、晋，而直军南下，与南省诸君共同讨伐”“赤党”。通电一出，全国舆论大哗。周作人立即在《语丝》94期（1926年8月28日出版）发表《谢本师》一文。（**钱理群：《周作人传》第329页，北京十月文艺出版社1990年9月版**）

在《谢本师》中，周作人首先感谢十八年前在东京从章太炎学习之恩，并强调：“虽然有些先哲做过我思想的导师，但真是授过业，启发过我的思想，可以称作我的师者，实在只有先生一人。”然而，笔锋一转便是：“……这十几年中我还没有见过先生一面。平常与同学旧友谈起，有两三个熟悉先生近状的人对于先生多表示不满，因为先生好作不大高明的政治活动……总之先生回国以来不再讲学，这实在是很可惜的，因为先生倘若肯移了在上海发电报的工夫与心思来著书，一定可以完成一两部大著，嘉惠中国的后学。”（**周作人：《谢本师》，《周作人散文全集》第4卷第743—744页，广西师大出版社2009年5月版**）这好像与他老哥鲁迅在章太炎去世后的评价正相反。鲁迅说：“我以为先生的业绩，留在革命史上的，实在比在学术史上还要大。……我的知道中国有太炎先生，并非因为他的经学和小学，是为了他驳斥康有为和作邹容的《革命军》序，竟被监禁于上海的西牢。”（鲁迅：《关于太炎先生二三事》，《鲁迅全集》第6卷第545页）——唉，一个老师吧，如果教了一群籍籍无名的学生，会觉得一辈子没有成就感；可是教了些名声太大、主见太多的弟子（如周氏兄弟），简直又里外不是人，左右都不行。周作人下面的话够难听：

> 然而性情总是天生的，先生既然要出书斋而赴朝市，虽是旧弟子也没有力量止得他住，至于空口非难，既是无用，都也可以不必了。
>
> “讨赤”军兴，先生又猛烈地作起政治的活动来了。我坐在萧斋里，不及尽见先生所发的函电，但是见到一个，见到两个，总不禁为我们的“老夫子”（这是我同疑古君私下称他的名字）惜。到得近日看见第三个电报把“剿平发逆”的“曾文正”奉作“人伦模范”，我于是觉得不能不来说一句话了。先生现在似乎已将四十余年来所主张的光复大义抛诸脑后了。我相信我的师不当这样，这样也就不是我的师。先生昔日曾作《谢本师》一文，对于俞曲园先生表示脱离，不意我现今亦不得不谢先生，殊非始料所及。此后先生有何言论，本已与我无复相关，惟本临别赠言之义，敢进忠告，以尽寸心：先生老矣，来日无多，愿

善自爱惜令名。（周作人：《谢本师》，《周作人散文全集》第4卷第744页）

在这之后，周作人还在《革命党之妻》一文中对章太炎与徐锡麟的弟弟等“浙绅”呈荐省长一事也小小地讽刺了一下。反了，反了，学生给老师上起课来了，还“先生老矣，来日无多，愿善自爱惜令名”，这是什么混账话？！

章太炎是什么人？江湖人称“章疯子”，这“疯”的级别可不是耍耍无赖的疯，那是见过大世面、不怵权贵的角色啊，皇帝、总统都不放在眼里。他在《驳康有为论革命书》一文中，指名道姓地大骂光绪皇帝是“小丑”，断言只有革命才能救中国。章太炎还打上袁世凯的总统府，老袁不见，他把人家接待室砸个稀巴烂。老袁把他软禁起来，大丈夫威武不能屈，照骂不误。袁大总统，洪宪皇帝，还得给他供吃供喝……这样的一个角色，他受得了学生周作人的这口气？我没有查到他对此事的反应，想他不可能不知道有人“谢本师”吧，他那么多学生难道就没有一个通风报信或搬弄是非的？也许，太炎之为大师就在这种地方，对权贵，那是横眉冷对；对于自己的学生，文弱书生，逞什么强，耍什么威风？不必，没有。

周作人在晚年的《知堂回想录》中曾有一节《章太炎的北

游》，提到他当年写《谢本师》的事情，学生又承认孟浪了："后来又看见论大局的电报，主张北方交给张振威，南方交给吴孚威，我就写了《谢本师》那篇东西，在《语丝》上发表，不免有点大不敬了。但在那文章中，不说振威、孚威，却借了曾文正、李文忠字样来责备他，与实在情形是不相符合的。"（周作人：《章太炎的北游》，《周作人散文全集》第13卷第729页）周作人说话是曲曲折折的，在这里他只是说文章的一个细节不当，并没有说这文章不该写。问题是，他就此便与太炎先生撕破脸皮、老死不相往来了吗？非也。时间不太久，六年后的春天，太炎先生北上讲学，他们就见面了。从他文章中引旧日记看，第一次（1932年3月7日晚）他是"被通知"太炎先生来了，大家要一起招待先生，既然马叙伦（夷初）能喊他去"接驾"，证明章太炎对周作人已没有什么想法。钱玄同的日记中也记太炎先生这次北上和蔼多了："午回家，饭毕，即访幼渔，与同至花园饭店访老夫子，别来十六年矣。近来态度如旧，益为和蔼，背颇驼，惟发剪极短，与当年披发大不相同。季刚亦在，检斋亦在。政客一大帮，与辛亥冬与哈同花园时颇相像。询知师实避沪难而来也。四时许，朱、马、钱、黄、吴、师六人乘汽车逛中南海公园。"（钱玄同1932年3月2日日记，《钱玄同日记》整理本第849页，北京大学出版社2014年8月版）"益为和蔼"

越发有师尊的样子了。

一个月之后，周作人去拜见章太炎，有“谢本师”事件在前，没有什么尴尬事发生吧？周作人的日记所记十分平淡：“四月十八日，七时往西板桥照幼渔之约，见太炎先生，此外有逷先、玄同、兼士、平伯、半农、天行、适之、梦麟，共十一人，十时回家。”（周作人：《章太炎的北游》，《周作人散文全集》第13卷第729页）有人批评周作人“薄情”，看来不假，要么就是他善于伪装。钱玄同的日记虽然也是所记不多，却有细节，且事关周作人：

> 午后一时半至马家，移时半农乘汽车来，偕往迓师，盖中国文学系及研究所国学门请他讲《广论语骈枝》也，我翻译，建功写黑板，三时到，先看明清史料，四时讲，讲了一个多钟头毕。六时许，一行人至幼渔家，他赏老夫子吃饭也。启明亦来，不“谢”了，不“谢”了。很好，很好！十一时，我与半农、建功送他到家。（钱玄同1932年4月18日日记，《钱玄同日记》整理本第856页）

这一句“不‘谢’了，不‘谢’了，很好，很好！”就是专对周作人（启明）讲的。从语气上感觉有一种如释重负后的欢快，也就是说“谢本师”这件事毕竟是一个心结，两个人具体见面怎样，钱玄同没有记，但是面对老师和同学冰释前嫌，大家都轻松愉快。从这文字语气，以及前面宴会曾有请过周作人来看，此事，太炎先生可能早就过眼烟云了，周作人或因尴尬或怎样，总是不能不心存芥蒂，所以才有钱玄同“不‘谢’了”之谈。之后还有相见，周作人去听过章太炎的演讲，还力邀章太炎到他家吃饭。5月4日，太炎先生有一封辞谢信：“玄同足下：星期五割后呼吸仍未通，本星期五尚拟割治一次，逮星期日恐尚未合创，启明处或未能赴也。再者，鼻病例须戒酒，启明盛言，殊不克副，烦为道谢。书覆，即问起居。”（章太炎1932年5月4日致钱玄同信，《章太炎全集》第15卷第224—225页，上海人民出版社2017年版）写信那天是星期三，那个星期五未能成行，是身体原因。又隔十天，5月15日，他们相聚于周家，太炎先生兴致不错，又写字又照相，相见甚欢：

> 五月十五日，下午天行来，共磨墨以待，托幼渔以汽车迓太炎先生来，玄同、逷先、兼士、平伯亦来，在院中照一相，又乞书条幅一纸，系陶渊明《饮酒》之十八，“子云性嗜酒”云云也。晚饭用日本料理生鱼片等五品，绍兴菜三品，外加常馔，十时半仍以汽车由玄同送太炎先生回去。（周作人：《章太炎的北游》，《周作人散文全集》第13卷第730页）

我下午四时至周宅，今日启明赏饭于其家，日本与绍兴合璧，日本菜极佳。同座为朱、马、沈三、俞、魏也。大家均请老夫子写字，他称平伯为“世大兄”。十时许毕，再回家。（钱玄同1932年5月15日日记，《钱玄同日记》整理本第860页）

吃得好，喝得好，太炎先生兴致也好，好，好。

周作人在后来的文章中提到两件事，都跟“同学录”有关的，这关系到太炎先生是不是把他当弟子的问题。一件事是苏州国学讲习会方面有人刻了一种同门录，周作人大名在列，而鲁迅等很多人被漏了。钱玄同在1932年7月4日致周作人的信中讲到此事：

此外该老板（指吴检斋，因其家开吴隆泰茶叶庄）在老夫子那边携归一张“点鬼簿”（即上边所说的同门录），大名赫然在焉，但并无鲁迅、许寿裳、钱均甫、朱蓬仙诸人，且并无其大姑爷（指龚未生），甚至无国学讲习会之发祥人董修武、董鸿诗，则无任叔永与黄子通，更无足怪矣。该老板面询老夫子，去取是否有义？答云，绝无，但凭记忆所及耳。然则此《春秋》者，断烂朝报而已，无微言大义也。（周作人：《章太炎的北游》，《周作人散文全集》第13卷第731页）

“老夫子”是他们对章太炎的称呼，同学录名字不全，乃凭老夫子“记忆所及”列出来的，所以漏了很多不该漏的人，但正因此，“大名赫然在焉”也便有了特别的意义。你看，老师记着你，老师没有忘，周作人应该放心了吧。——老师教过的学生太多，要一口气想个周全也不容易。比如对鲁迅，他也没有忘，1932 年春在北平时，他就问起过：

> 太炎先生最后一次到北平，门徒们公宴席上，问起鲁迅先生，说：“豫才现在如何？”答说现在上海，颇被一般人疑为左倾分子。太炎先生点头说：“他一向研究俄国文学，这误会一定从俄国文学而起。”（孙伏园：《惜别》，《孙氏兄弟谈鲁迅》第 36 页，新星出版社 2006 年 1 月版）

老师不仅关切，还为学生开脱，可见这个老师的心胸是开阔的，是大度的，哪怕学生不大想起老师，一想起来可能还要嘲讽他两句。

至于另外一件事，则是 1933 年 6 月 7 日，为刊刻《章氏丛书续编》，经钱玄同之手，周作人捐资一百元，“因为出资的关系，在书后面得刊载弟子某人覆校字样，但实际上的校勘则已由钱、吴二公办了去了”（周作人：《章太炎的北游》，《周作人散文全集》第 13 卷第 729 页）。不管是花钱买的，还是怎么样，这“弟子”是在编在册的，如果太炎先生不首肯，恐怕名字也是刻不上的。刻上了，它还要随老师不朽著作传诸后世呢。无上荣光啊。

1936年，章太炎去世，周作人“早就想写一篇纪念的文章”，过了半年之后，才写出《记太炎先生学梵文事》，这次是高度赞扬：“中年以后发心学习梵天语，不辞以外道为师，此种博大精进的精神，实为凡人所不能及，足为后学之模范者也。我于太炎先生的学问与思想未能知其百一，但此伟大的气象得以懂得一点，即此一点却已使我获益非浅矣。”（周作人：《记太炎先生学梵文事》，《周作人散文全集》第7卷第522页）1943年4月，已经事伪的周作人去南京办事，顺便去了苏州一趟，两天时间里，他拜访了太老师俞曲园的春在堂，又拜谒了老师章太炎的墓地，第二年写文章这么说：“我又去拜谒章太炎先生墓，这是在锦帆路章宅的后园里，情形如郭先生文中所记，兹不重述。章宅现由省政府宣传处明处长借住，我们进去稍坐，是一座洋式的楼房，后边讲学的地方云为外国人所占用，尚未能收回，因此我们也不能进去一看，殊属遗憾。俞、章两先生是清末民初的国学大师，却都别有一种特色，俞先生以经师而留心轻文学，为新文学运动之先河；章先生以儒家而兼治佛学，倡导革命，又承先启后，对于中国之学术与政治的改革至有影响……”（周作人：《苏州的回忆》，《周作人散文全集》

第9卷第171—172页）这些都能表明他对老师的感情，自然，做一个章门弟子也是值得骄傲的事情。

耐人寻味的是1950年周作人以笔名“鹤生”在《亦报》上所写的一篇短文《章太炎的弟子》。他说，有传闻认为章门是分门人、弟子、学生三种区别的，“但照他老先生的性格看来，恐怕未必是事实”。他认为老先生并无等级之分。讲到具体的人，大弟子当然是黄侃了，但是周作人认为“真是敬爱老师的”还是钱玄同，我们注意他怎么写钱玄同与章太炎的关系的：

> 虽然太炎曾经戏封他为翼王，因为他“造过反”，即是反对古文与汉字。玄同对于汉字知道得太深了，他从文字上觉得楷字之不合理，所以结果到了两头极端的理论，即写篆文或废汉字，虽然事实上知道都难做到。经学方面太炎主张古文，玄同则是从崔适主张今文的，也是相反，可是他对于先生的尊敬三十余年如一日，民报社讲学时期、钱粮胡同幽囚时期，不必说了，末次北游时期差不多每日随侍在侧，有一天到北大研究所来讲《广论语骈枝》，学生听不清南方话，临时由玄同翻译国语，这件小事也很有意思。爱真理时尽管造反，却仍是相当的爱吾师，这不是讲学问的人最好的态度么。（周作人：《章太炎的弟子》，《周作人散文全集》第10卷第677—678页）

知堂乃作文高手，我简直怀疑这是通过写钱玄同在不露声色地表露自我的心迹："爱真理时尽管造反，却仍是相当的爱吾师，这不是讲学问的人最好的态度么。"写这句话时，是他想起了当年"谢本师"的事情吗？

我爱知堂也如此，做人要有是非有原则，哪怕对"吾师"，不然，那是小市侩，有谁还爱读他的文章？学生尊敬老师，天经地义，可是奉老师为教主，天天只能背语录，在老师面前咳嗽一声也不敢，这就不是尊敬、敬畏了。跟老师探讨一下问题，有什么大不了，哪怕说出"先生老矣，来日无多，愿善自爱惜令名"这种过头话，那是真诚，那是对老师"令名"的爱护。至于写过《师门五年记》的罗尔纲，转过身再写批判胡适的文章，那是不得已，也是另外一件事情，这样的事情最好不要再有。

现在听学生口口声声喊老师为"老板"，我觉得师生关系变味了，于是不禁想起这些老旧故事，再做老生常谈。

2020年5月28日零点

6月1日改定

中编　这也是生活

青岛黄县路老舍的旧居，进门迎面居然是一排兵器架，刀枪剑戟，像电影里的武馆。老舍描述过他在这里的生活：每天七点起床，梳洗过后到院中去打拳；接着，浇花，吃早饭，写信；十一点左右，看报纸，会朋友；天气好时，上午也会带孩子去公园看猴，去海边拾贝壳；午饭后，把孩子哄睡，拧开墨水瓶盖，开始写作；周六下午和周日是热闹日子，“看朋友，约吃饭，理发，偶尔也看看电影，都在这两天”（老舍：《这几个月的生活》，《老舍生活与创作自述》第 350 页，人民文学出版社 1982 年版）。这是老舍职业“写家”的生活。以往教书时，他只有暑假拼命赶稿子，尽管住得离海近，朋友去游泳，经常在他家里换衣服，可他却舍不得时间去玩，还戏说自己瘦，就不到海滩上“晾排骨”了。

老舍想在写作上大展身手，1936 年暑假，便辞了教职。辞职同时，他给上海的《宇宙风》编辑陶亢德去信，安排写作大计："由八月起，我供给《宇宙风》个长篇。由八月一日起，每月月首您给我汇八十元；我给您一万至一万二千字。"（张桂兴：《老舍年谱》第164页，上海文艺出版社1997年12月版）这个"长篇"就是《骆驼祥子》，他做职业写家的第一炮便在新文学史上炸开了花。虽然比不上教书时有固定收入，但妻贤儿欢，小日子过得也算滋润。1937年7月，他左右开弓，同时在写两个长篇小说。这真是越战越勇，梦想都开了花。海边是做梦的好地方。海风吹动下，如泉的文思汩汩而流，从小溪流变成万顷碧波，不能想象如果让老舍这个梦做下去，我们该怎样重新估定他的写作成就。一个人，一生中可能只有一个不大的玫瑰色的梦，小心翼翼又殚精竭虑地呵护着它，希望它发芽、开花、结果。然而，时代的疾风骤雨却又那么无情，卢沟桥的炮声很快就震碎了不知多少中国人的梦，这其中也包括老舍的写家梦。

黑云压城，那些日子，别说好梦，连觉都睡不着。每去友人家听广播，"归来，海寂天空，但闻远处犬吠，辄不成寐"，"老母尚在北平，久无信示；内人又病，心绪极劣。时在青朋友纷纷送眷属至远方，每来辞行，必嘱早作离青之计；盖一旦有事，则敌舰定封锁海口，我方必拆胶济铁路，青岛成死地矣"（老舍：《南来以前》，《老舍文集》第14卷第112—113页，人民文学出版社1989年版）。这一年直到8月1日，女儿出生，11日妻子出院，他才能切实安排下一步生活。上海战事将起，去不了，只好选择去济南。老舍要先去找房子，“别时，小女啼泣甚悲伤，妻亦落泪”（同前，114页）。刚到济南，便闻沪战爆发的消息，想起家中无男人，心急如焚，急请朋友送妻儿来济南。兵荒马乱，一路折腾，可以想象。偏偏那天又是大雨，产后不过半个月，妻子身体虚弱，到了济南便直送医院。回过头来，老舍又要安置子女，狂风暴雨中，孩子哭着喊“回家”，狼狈中倍感凄凉。大雨连日，没有几天，小女儿受凉也住院。一面去医院看护妻女，一面又得照顾儿子，心境大变，战前开始写的长篇《病夫》虽有七万字了，也只好废弃。

家具、图书、字画，是后来托朋友运到济南的，在接下来的逃难中，根本带不走，只好寄存在齐鲁大学。校园被日军占领后，“连校园内的青草也被敌马啮光了”。战前的生活安排也都清零了：“儿女们的教育储金已全数等于零，因为她（妻子）不屑于把它换成伪币。我的寿险，因为公司是美国人开的，在美日宣战后停业，只退还九百元法币。”老舍苦笑着说，这是“四大皆空”，“除了我、妻、儿女，五条命以外，什么都没有了！而这五条命能否有足够维持的衣食，不至于饿死，还不敢肯定的说”（老舍：《“四大皆空”》，《老舍生活与创作自述》

第 367—368 页）。或许身外之物丢了就丢了吧，人本来就是赤条条来去无牵挂，四大皆空，不失轻松。心若在梦就在，歌里是这么唱的，可是梦碎了，谁又能补得上？他此生再也找不回碧海青天的安宁日子了。那么，是梦太重，我们的命运都载不动？

2015 年 7 月 8 日中午于竹笑居

别妇抛雏

即便是“千里眼”，穿越的也是距离，而不是时间，明天会发生什么，很难预先获取答案。虽然在书斋里，已经能够清晰地听到卢沟桥的阵阵炮声，但文人们不乏单纯的幻想，认为这可能闹腾一两个月，握手言和，便彼此相安无事。埋首于甲骨文研究的闻一多，1937年7月17日在给当时于武汉省亲的妻子高孝贞信上说：“今天早晨起来拔了半天草，心里想到等你回来看着高兴。荷花也打了苞，大概也要等你回来开。”(《闻一多全集》第12卷第285页，湖北人民出版社1993年12月版)他想不到，花开花落，这一仗打了八个春秋；也不会预知，他再也没有机会回到北平的这个家了。

聚散离合，是战争年代寻常故事。然而，不论谁是主角，都免不了一番心灵的煎熬。在济南的老舍，望着刚出生的小女儿，另外两个年幼的孩子，以及病弱的妻子，陷入了“走，还是不走”的痛苦选择中。走，兵荒马乱，一家大小折腾得起吗？不走，“我怕城市会忽然的被敌人包围住，而我作了俘虏。死亡事小，假若为怕被他捉去而被逼着作汉奸，怎么办呢？……一个读书人最珍贵的东西是他的一点气节”（老舍：《八方风雨》，《老舍生活与创作自述》第376页）。他几次把小皮箱打点好，又几次把它打开。到不得不走的一天，临出门居然说：“到车站看看有车没有，没有车就马上回来！”这可真不是说走就走的旅行！逃难中，老舍“最难过的时候是每晚十时左右”，“自恨使我睡不熟，不由的便想起了妻儿”（老舍：《一封信》，同前，第354页）。

沈从文也在独自怀想妻儿，在武汉，在长沙，在沅陵，在昆明。那年8月12日离开北平时，他的二儿子虎雏还不到两个半月大。从此，这个爱写信的丈夫，每到一地，给妻子张兆和信的中心内容都是：你们什么时候来？你们怎么还不来？！这是与当年的湘行书简决然不同的信，尽管收信人是同一个人。这些信，言辞中充满焦虑、猜疑、指责，沈从文甚至说：“你即或是因为北平有个关心你，你也同情他的人，只因为这种事不来，故意留在北京，我也不妒忌，不生气。……我觉得爱你，但不必需因此拘束你。……我准备牺牲。有痛苦，我忍受痛苦。”（沈从文1937年11月6日复张兆和信，《沈从文全集》第18卷第263页）小说家的想象力在离愁别绪的搅拌下膨胀得更为迅速。次年，沈从文说："倘若我们生活在委屈你外一无所得，我决不用过去拘束你的未来行为。你即或同我在一处，你还有权利去选择你认为是好的生活。"（沈从文1938年8月19日致张兆和信，《沈从文全集》第18卷第330页）这是分手宣言吗？正像沈从文自己说的，离了张兆和，"便容易把生活转入一种病态，终日像飘飘荡荡"（沈从文1937年11月6日复张兆和信，《沈从文全集》第18卷第261页）。这也是战争引起的情感发炎吧？

"又当投笔请缨时，别妇抛雏断藕丝。"郭沫若的诗没有儿女情长，其实1937年7月25日那天，他四点半就起来，给妻子和四儿一女都写了留言，他要离开日本回国。妻子醒了，没有意识到离别在即，"揭开蚊帐，在安娜额上亲了一吻，作为诀别之礼"，"我向金鱼诀了别，向栀子花诀了别，向盛开着各色的大莲花诀了别，向园中一切的景物诀了别。心里默祷着妻儿们的和一切的平安……"（郭沫若：《由日本回来了》，《革命春秋》第417页，人民文学出版社1979年版）的确是"诀别"，这个家此后再也不曾团聚。我们印象中的闻一多，总是那个叼着烟斗的大胡子，是拍案而起的诗人，然而，战争让每一个人何其虚弱，他给妻子信上说："亲爱的，我不怕死，只要我俩死在一起。我的心肝，我亲爱的妹妹，你在那里？从此我再不放你离开我一天，我的肉，我的心肝！你一哥在想你，想得要死！”（闻一多1937年7月16日致高孝贞信，《闻一多全集》第12卷第285页）……今天在清理战争的灾难时，我们统计死了多少人，损失了多少财物，然而，它带给每一个人的心灵创伤，又怎么去统计呢？

2015年7月9日傍晚于竹笑居

“你，苦难的圣母！”这是郭沫若抛妻别子离家时默念的话，诗人的情感总像发酵粉放多了的面团，可这次，剂量适中。战争期间，女人的果断、坚韧，甚至默默牺牲，是可歌可泣的。老舍就不断地向妻子作揖：“妻是深明大义的。平日，她的胆子并不大。可是，当我要走的那天，铺子关上了门，飞机整天在飞鸣，人心恐慌到极度，她却把泪落在肚中，沉静的给我打点行李。……四年没听见她的语声了，沉着的静，将永远使我坚强！”（**老舍：《自述》，《老舍生活与创作自述》第357页**）“她也明白，跟我出来，即使可能，也是我的累赘。我照应她们，便不能尽量作我所能与所要作的事。她也狠了心，只有狠心才能互相割舍，只有狠心才见出互相谅解。”（**老舍：《一封信》，同前，第354页**）

把妻儿当作“累赘”，那些被甜点喂大的人们，一定会皱眉头、吐口水。然而，那是非常岁月，山盟海誓当不了饭，甜言蜜语成不了衣，他们首先得考虑怎么活着。我虽然不能表彰老舍，可一定要表扬他的太太，正像老舍所设想的：“她是那从电影中学得一套虚伪娇贵的妇女，必定要同我出来，在逃难的时候，还穿着高跟鞋，我将怎办呢？”（老舍：《一封信》，同前，第354页）老舍要是个拥兵自重的将官什么的，还好办，一个文弱书生，那年头，真是凉拌热拌都没法办。

阿城在威尼斯遇到过一个乞丐，他说：“女人最悲惨的一是怀孕，二是搬家，我老婆这两样都赶上了。”（阿城：《威尼斯日记》第109页，中华书局2015年4月版）抗战中，胡风的妻子梅志也“荣幸”地遇上了这两样。据胡风后来回忆，当时好不容易买到船票，想不到，登船就惊险无比：

> 船仍停在江心，坐划子靠到船边，我先从船舷栏杆上翻爬上去，然后将晓谷拉了上去。但是要拉M（胡风太太梅志——引者）我就不行了，因为她大着肚子，我实在怕船舷碰伤她。这时，史枚的朋友李君翻上船舷，一人一只手将她拉了上来。但是要上到三层可没法穿过满是人的通道，我只好再爬上三层轮船栏杆。无线电报务员来接我们，由他拉了我一把。孩子是下面有人托着，拉了上来的。M怎么办？要她自己用力攀是不行的，也只好由下面的人托着，我们俯身下去拉住她的手，她还得用肚子靠着船舷才

翻了上来。当时我真担心伤着肚里的孩子，后来她自己回忆起来，也不由得胆战心惊。她说："……当时我就怕你们没劲了，一松手我就会落到江心的。别的我什么也没想。"（胡风：《回忆录》，《胡风全集》第7卷第416—417页）

现在年轻人，寻刺激，去漂流，玩蹦极，我估计胡风那一代人不会去玩，他们不要去找刺激，每天都被刺激；顾不得玩，时刻都在玩命。要知道，他们都是平常人，是娇小姐、白面书生，而不是抗战神剧里飞檐走壁的杀狼花。

不是每个平常的日子，都要重复惊心动魄的一刻，可是心惊肉跳的剧情还是很多。胡风一家住在重庆帅家坝时，与"二师兄"为邻，"夜晚，只听见猪叫声，并传过来一阵阵的猪潲泔水和猪屎尿的臭味。M和孩子们住在这里，真太可怜了"（同前，第451页）。战时无数人涌到重庆周边，房子比金子还金贵，能有个容身之地已属幸运，胡风无处抱怨。可是，这一家老小仿佛生活在生化危机的科幻大片里："这屋潮湿得很，屋顶还掉一种叫瓦虱子的毛虫，所以连午睡时都不敢把小女儿放在小床上，夜晚就更不敢了，M害怕耗子和蛇来咬她。大儿子虽然一个人睡在帆布床上，挂上了帐子，但M每天晚上都要起来摸摸他看看他，生怕被什么咬了。这样提心吊胆的生活，我怎么能安心呢！"（同前，第454页）这不是挑战极限的真人秀，是生活，不是“秀”。

回过头来想一想，老舍把妻儿留在原地，未尝不是一种明智的选择。不论怎么样，这也是生活，这也是人生，没有矫情，也不容矫情。

2015 年 7 月 10 日凌晨零点

逃难路上

在家千般好，出门一日难，何况，那是逃难，不是旅游。

八月份，重庆是火炉，老舍初到便领教这“老君炉”的厉害：“我永远没睡过凉席，现在我没法不去买一张了。睡在凉席上，照旧汗出如雨。墙，桌椅，到处是烫的；人仿佛是在炉里。”（老舍：《八方风雨》，《老舍生活与创作自述》第392页）走遍中国，大长见识；颠沛流离，却大吃苦头。“生活苦了，营养不足，又加上爱喝两杯酒，遂患贫血。贫血遇上努力工作，就害头晕——一低头就天旋地转，只好静卧。”（同前，第397页）

老舍总算是一人吃饱，全家无忧。胡风在宜都时，全家二十一口人，上有老下有小，吃饭都得分两拨。他感叹道：“十来口老弱病残，有的是从来没出过门的妇女。二哥是从来没离开过土地的农民，只有大哥在外面做过小生意，老四虽然能干可又不务正业。

看到这一群缺少生活能力的家人，心中真是百感交集，沉重得很！”（胡风：《回忆录》，《胡风全集》第7卷第401—402页）这得有王熙凤的本事才能皆大欢喜，胡风夫妇只是城里的“知识青年”而已，一深入生活，发现生活是个大泥潭，他们却不是游刃有余的泥鳅。二哥的孩子，痢痢一两个月，骨瘦如柴，偏偏二嫂还疼爱地给孩子吃猪油拌饭，胡风太太梅志看到了，急得大叫去制止。二嫂以为这是舍不得给孩子吃，要饿死孩子吗？城里人也不能这样啊！她委屈得大哭，直到第二天，梅志带他们去看医生，普及了一点医学常识，才知道拉痢疾是不能多吃油荤，误会才算消除……虽说是兄弟，但他们早已不是一个世界的人，做客可以，要锅碗瓢盆成天在一起，不是锅碰了碗，就是瓢撞了盆，这时，你只能咒骂万恶的战争把他们逼在了一起。

遭逢兵荒马乱的岁月，已属不幸，倘若东奔西走中生了重病，那可是中了魔鬼的彩，林徽因便是如此。逃难途中，她生着很严重的肺病，发烧体温超过四十一度，却得不到及时医疗。一个重病患者就算躺在医院里都是一种折磨，可她却还要逃难：“我们在令人绝望的情况下又重新上路。每天凌晨一点，摸黑抢着把我们少得可怜的行李和我们自己塞进长途车，到早上十点这辆车终于出发时，已经挤上二十七名旅客。这是个没有窗子、没有点火器、样样都没有的玩意儿，喘着粗气、摇摇晃晃，连一段平路都爬不动，更不用说又陡又险的山路了。”（林徽因 1938 年 3 月 2 日致费慰梅信，《林徽因集·小说戏剧翻译书信卷》第 211 页，人民文学出版社 2014 年 12 月版）这辆破车，偏偏在一座以土匪出没而著称的山顶出了故障！任你是金枝玉叶，也逃不过风吹雨打。我想，经历过抗战逃难的人，一定深深地体验了什么是“叫天天不应，叫地地不灵”。

山河破碎风飘絮，身世浮沉雨打萍。那年月，没有最好的选择，只有幸运的选择。闻一多全家要逃难，偏偏老父亲坚决不走。闻一多 1938 年 6 月 13 日致父亲的信上写道：“男闻讯甚为忧虑，若全家皆走，而大人一人在家，纵托安全，男等心中亦无宁息矣，仍望再作考虑，改变前意，以免男等罪戾。”（《闻一多全集》第 12 卷 343 页）而胡风多年后仍然纠结于当初鼓励父亲出来的决定：“我看着他不停地吸着水烟，沉默着不和我说话，我知道他内心中该有多复杂的感情啊！我动员他离开生活了七十多年的家乡可能是错了，我太不理解他了，我只看到他刚强的一面，但叫一个白手成家的老人，丢了辛苦盖上的房子和一切家业出来逃难，那需要多大的勇气啊！”（胡风：《回忆录》，《胡风全集》第 7 卷第 395 页）他的父亲后来死在逃难路上，继母也在十天后死去。胡风悲痛地说：“夜里拟成了挽联两副。这与其说是哀悼死者，还不如说是安慰生者。十年以来，父亲和大哥经常提到要我把挽联和祭文做好，好像这就是老人一生中对我最后的希望！”（同前，第 461 页）命运的黑影轻易地便吞没了我们生命的微光，一个书生，最多在纸上叱咤风云，给父亲尽孝的，居然是一副挽联，想来也是心酸。

2015 年 7 月 10 日凌晨两时、7 月 15 日凌晨补充

7 月 19 日定稿于大连

林徽因、梁思成夫妇在北平北总布胡同三号的家是什么样子，不得而知。然而，太太客厅的风雅早已成为20世纪文化传奇。做沙龙主人的时代，林徽因曾写过一篇《窗子以外》，写了身居“窗内”的人与外面世界的隔膜，结尾作者叹息：“算了算了！你简直老老实实的坐在你窗子里得了，窗子以外的事，你看了多少也是枉然，大半你是不明白，也不会明白的。”（林徽因：《窗子以外》，《林徽因集·诗歌散文卷》第132页，人民文学出版社2014年12月版）仅仅三年以后，不管她明不明白，窗里窗外融为一体了，甚至他们住的房子有没有窗、是什么窗都成了问题。

1937年11月逃难到长沙时，大家尚能苦中作乐，林徽因说：“在空袭之前我们仍然常常聚餐，不在饭馆，而是在一个小炉子上欣赏我自己的手艺，在那三间小屋里我们实际上什么都做，而过去那是要占用整整一栋北总布胡同三号的。”（1934年11月24日致费慰梅，《林徽因集·小说戏剧翻译书信卷》第208页）“三间小屋”与“整整一栋”，细想起来，能不失落？而到了云南，这对研究建筑的大师居然自己做起泥瓦匠，盖起房子来了。“我们的房子是最晚建成的，以致最后不得不争取每一块木板、每一块砖，乃至我们需要的每根钉子。为了能够迁入这个甚至不足以‘蔽风雨’——这是中国的经典定义，你们想必听过思成的讲演的——屋顶之下，我们得亲自帮忙运料，做木工和泥瓦匠。”这个房子有三大间，林徽因提到有一间是为佣人准备的，谈到佣人，林徽因说：“尽管理论上我们还请得起，但事实上超过了我们的支付能力（每月七十美元左右）。”（林徽因1937年11月24日致费慰梅信，同前，第223页）

按着过去的排场，哪有这样人家不雇佣人的？战时大不一样了，“我是女人，当然立刻变成纯净的‘糟糠’的典型，租到两间屋子，烹调，课子，洗衣，铺床，每日如在走马灯中过去”（林徽因1937年10月致沈从文信，同前，第162页）。虽有抱怨，但也无奈。1941年在李庄，他们家倒是有一位女佣，不过力气太大，洗衣服用力太猛，令林徽因心疼那些被拧得走了形的衣服，“这些衬衫的市价一件在四十美元以上”（林徽因1937年11月24日致费慰梅信，同前，第231页）。我想在过去，林徽因不一定会关心这等事情。林徽因身体不好，梁思成也兼做男仆，洗菜做饭，他得承包。那是他们生活最困窘的时期，以致接到费慰梅接济他们的一百美元，林徽因感动得“嚎啕大哭起来”（林徽因 1940 年 9 月 20 日致费慰梅信，同前，第 221 页）。她是没有见过钱的人吗？可是，一百美元就让民国女神嚎啕大哭，她有多难，可想而知。

苟全性命于乱世，苦难是生命中的盐，而不是毒药，我敬服地看到林徽因是这样写的：“我们不仅体验了生活，也受到了艰辛生活的考验。我们的身体受到严重损伤，但我们的信念如故。现在我们深信，生活中的苦与乐其实是一回事。”（林徽因 1946 年 2 月 28 日致费慰梅信，同前，第 241 页）在一篇随笔中，她也谈到“信仰所给予我们的力量”，谈到“坚忍韧性的倔强”，他们困窘在柴米油盐中，然而，他们的精神却高高飞翔在湛蓝的天空上。正像林徽因所写：“且最好让我们共同酸甜的笑纹，有力的，坚韧的，横过历史。”（林徽因：《彼此》，《林徽因集·诗歌散文卷》第 151 页）近年，有人把难听的称号送给林徽因，是羡慕嫉妒恨？我没有这个勇气，且不说她的文化贡献，单单在那样的环境下，能够如此面对苦难，坚守信念，就足以让我自惭形秽。我们被蚊子咬一口都会吐槽半天，床上发现一只臭虫简直比日军的炸弹还严重。想一想他们的岁月，我会沉默不语的。为此，我愿意重温她的名作：“你是一树一树的花开，是燕 / 在梁间呢喃，——你是爱，是暖，/ 是诗的一篇，你是人间的四月天！”（林徽因：《你是人间的四月天》，同前，第 25 页）套用一句广告词：不是所有的人生都是诗篇，也不是所有的天都是“人间的四月天”！

2015 年 7 月 15 日竹笑居，7 月 19 日大连改定

在轰炸中过日子

那些钢铁怪兽空中“下蛋”，地动山摇、血肉横飞的场面，好莱坞大片里见过，可那毕竟是吹着空调、拉着恋人的手的电影院里的经历，即使再恐怖，捂上眼睛就能躲过。可要是置身其中，且年年月月，要在这炸弹下求生、偷生、为生，你能想象这样的日子吗？

1938 年，在广州，巴金正在与朋友谈话，飞机就来了，不容你多想什么生死大义，炸弹就“飒飒”地下来。街上的人慌乱中涌进他们的屋子，惊恐地蹲伏在地上。巴金一动未动，就感到炸弹已经在头顶炸开了。他们都是待宰的羔羊，所做的一切其实都是徒劳。不过，这次是幸运的，房屋没有遭到致命的攻击。“紧张的空气松弛了。我看朋友们的脸，那些脸上好像蒙了一张白纸。可惜我看不见自己的脸色。”（巴金：《在广州》，《巴金全集》第 13 卷第 118—119 页）想一想，一个人的脸色吓成白纸样儿，他肚子里要咽下多大的恐惧？轰炸过后，常常不是拍手欢呼自己的幸运，看到同类的如此遭遇，你的心是会震颤的：“那些不幸饮弹的便卧倒在石板上，汩汩地流着鲜血，四肢痉挛地颤抖着，动着，挺一挺肚子或手死去了。”“被难者的手脚肝肠都远飞开来，狼藉在街心和挂宕在檐头。”（钱君匋：《战地行脚》第32页，烽火社1939年12月版）

没被炸死，而被吓死的人有没有，不知道，但吓蒙了吓傻了的不乏其人。重庆，1940年5月27日午后，胡风正和友人下棋，敌机投下炸弹，“全屋震动，积尘雨下，眼前几乎一片朦胧。彭大娘把女孩蒙着头躺在后屋她的床上，孩子大哭，彭大娘一个劲地叫菩萨保佑”（胡风：《回忆录》，《胡风全集》第7卷第476页）。胡风房屋周围落了三颗炸弹两个杀伤弹，弹片削断了窗上的木条，削断了窗外一片竹林中多根手臂粗的竹子，胡风庆幸有它们护佑，自己的脑袋才安然无恙。可看看邻居，顿觉惨不忍睹：一农妇被炸死在猪圈，一农民被削去半个脑袋死在包谷地中……胡风认识的一个学生，轰炸过后，还呆呆地坐在树林里，“他几乎到了失神落魄的地步，身体只是抖着。我怕他伤着了哪儿，就扶他回家，给他喝了点水使他安定下来。他脸上有血痕，细看只是跌破了点皮，问他是怎么一回事，他一句话也说不出。后来只是说，听到炸弹声就往前跑，也不知怎地就跑到这儿来了”（同前，477页）。

林徽因一家也有过离死神半步之遥的时候，1937 年 11 月 23 日日机轰炸长沙，炸弹就落在离他们房门十五码的地方：

> 没有人知道我们怎么没有被炸成碎片。听到地狱般的断裂声和头两响稍远一点的爆炸，我们便往楼下奔，我们的房子随即四分五裂。全然出于本能，我们各抓起一个孩子就往楼梯跑，可还没有来得及下楼，离得最近的炸弹就炸了。它把我抛到空中，手里还抱着小弟，再把我摔到地上，却没有受伤。同时房子开始轧轧乱响，那些到处都是玻璃的门窗、隔扇、屋顶、天花板，全都坍了下来，劈头盖脸地砸向我们。我们冲出旁门，来到黑烟滚滚的街上。（幸运的是墙壁没有崩塌。）（林徽因 1937 年 11 月 24 日致费慰梅信，《林徽因集·小说戏剧翻译书信卷》第 207—208 页）

刚跑到街上，一架日机又俯冲过来，在离他们不远的地方投下炸弹。这一回，他们停下来了，大家心想，反正是死，一家人死在一起算了。死神并未如期而至，这颗炸弹未炸，万幸，万幸！人在承受了惊恐和痛苦之后，反倒心如止水，正如巴金所说：“一个人看见‘死’太多，他对‘死’便不感到惊奇；一个人有‘死’的机会太多，他就不怕‘死’。他用不着去思索‘死’，他会把他的全部精力用在对付‘生’的事情。”（巴金：《广州在轰炸中》，《巴金全集》第13卷第123—124页）据说日军飞机轮番轰炸城市，除了军事作用，很大程度上要动摇中国人的决心，使之早日屈服。他们可能没有意识到，绞杀肉体易，摧毁人的意志难，想摧毁一个民族的集体意志更是难上加难。

2015年7月17日凌晨两点于竹笑居

7月22日零点改于大连

跑警报

作家都有“文过饰非”的本领，好作家尤甚。比如汪曾祺，写过一篇很有名的《跑警报》，好么，炸弹之下偷生的大戏顿时成了飘满饭菜香的生活喜剧。跑警报，可以买小吃，谈天，谈恋爱，低头说不定还会捡到金戒指，发笔意外小财……我疑心，多年后，那些萌宝们诉说人生遗憾时，会不会毫不矫情地说：最大的遗憾是没有跑过警报！

究竟是艳若桃花，还是癞疮疤，在不同人的记忆里大不一样。老舍的跑警报，就嗅不出丝毫浪漫气息。“在我的住处，有一个地洞，横着竖着，上下与四壁都用木柱密密的撑住，顶上堆着沙包。……敌机到了。一阵风，我们听到了飞沙走石；紧跟着，我们的洞就像一只小盒子被个巨人提起来，紧紧的乱摇似的，使我们眩晕。离洞有三丈吧，落了颗五百磅的炸弹，碎片打过来，把院中的一口大水缸打得粉碎。我们门外的一排贫民住房都被打垮，马路上还有两个大的弹坑。”（老舍:《八方风雨》,《老舍生活与创作自述》第390页）这样的防空洞，真要中弹，恐怕小命难保，即便身旁美女如云，怕也无心贪恋一眼。况且，环境也不好：“前几天，我在公共防空洞里几乎憋死。人多，天热，空袭的时间长，洞中的空气不够用了。”（同前，第394页）

胡风也描述过在防空洞里的煎熬：“等我们进得洞来，才发现里面几乎都坐满了人，就只好在靠洞口的地方坐下。洞里像电车车厢一样，面对面的两排木板架的凳子，中间空有二尺来宽的走道。幸好有电灯，认识的人还可以互相打招呼聊天……”可是，憋闷的环境、不流通的空气对人的耐心和体力都是考验，“时间久了，有的孩子开始在哭叫打闹”（胡风:《回忆录》,《胡风全集》第7卷第443页）。“下午一时警报。在洞里坐了好久。里面好多孩子都受不了，在哭闹着”（同前，第445页）。因为憋闷拥挤而发生的惨剧，最惨烈的一次莫过于1941年6月5日重庆较场口隧道惨案。本来只能躲避5000人的隧道，那天挤进了上万人，洞内人多，极度缺氧，人们便开始往外挤，而洞门又关着，层层人挤压在洞口，终酿成惨剧。有被挤压而死的，有窒息而亡的，据统计有992人死亡，4000多人受伤。躲进防空洞中，并不意味着就是安全。《陪都空袭救护委员会关于日机空袭伤亡损失通报》（1941年8月）中载:

“下南区马路发生不幸事件，缘第143号公共防空洞洞顶中弹陷塌，因石质关系，随挖随塌，工作进行迟缓。至报告时止，尚有避难人民压陷洞中，未能挖出。”（丁成明、胡金玉主编《抗战时期的四川——档案史料汇编》第1073页，重庆大学出版社2014年版）这次惨案，至少有39人遇难。天地之大，连可容一命之所都不存，不能不让人感慨。

从1938年底到1943年8月，重庆共遭受218次日军轰炸，日军前后出动战机9513架次，投弹21593枚，重庆11889名军民遇难，14100人负伤，17608栋房屋被毁。（白孟宸：《一座屹立不倒的城市》，《国家人文历史》2015年第13期）如此密集的轰炸，跑警报成了日常生活中的家常便饭，久而久之，人们便厌倦了，懒得躲了，不就是飞机“下蛋”吗，爱谁谁去！胡风夫妇有一次就不想去躲了，让保姆带着两个孩子去躲。不料，保姆走出去不久，炸弹就跟了过来，地动山摇中，梅志想到了孩子的安全，哭奔出去，到附近的树林里找孩子。幸好飞机走远，保姆带着孩子平安回来了。问躲在哪里？答曰：附近空了的古墓穴（亦称“生基”）。前一天，保姆见附近的老乡都是这么躲的，她也提前去选了一个，一有警报便带着孩子和小板凳不慌不忙进去了。胡风大受启发，后来也进去过：“它是厚麻石砌的，原来的门已破，人可以钻进去，黑古隆冬地倒还阴凉。……不命中炸弹，倒很保险的。我在洞里拣出几根骨头，可能是过去的死人骨头吧。心里不舒服，就悄悄地把它埋了。”（胡风：《回忆录》，《胡风全集》第7卷第481页）恐怖片立即成了惊悚片，让人不禁倒吸一口凉气。

2015年7月24日凌晨两点于竹笑居

7月29日正午改于沪上酷暑中

躲警报，委实也有轻松的段子，大家最熟悉的莫过于刘文典骂沈从文的那个。话说警报响起，大家慌忙出城，刺头儿教授刘文典见沈从文也在人群中，便上前呵斥：“陈（寅恪）先生跑是为了保存国粹，我跑是为了保存《庄子》，学生跑是为了保留下一代的希望。可是，你什么用都没有，跑什么跑啊！”好像刘氏后人出来否认过此说，但学者看不起“写小说的”恐怕也是实情。据说刘文典在课堂上还说过：“沈从文居然也评教授了……要讲教授嘛，陈寅恪可以一块钱，我刘文典一毛钱，沈从文那教授只能值一分钱。”不过，我觉得刘文典算不上民国牛人，真正的牛人当推梁漱溟，日军飞机轰炸，他端坐院里读书，眼皮不跳心不慌。1942 年初，在日军的炮火下逃生的梁漱溟给儿子写信说：“我不能死。我若死，天地将为之变色，历史将为之改辙。”敢说这么自信的话，全中国怕是没有第二人。

不怕死，乃圣人；贪生怕死，人之本性，也无可厚非。可是两相比较，修养、境界，在人们眼中似乎已高下立判。何兆武讲过吴晗躲警报之不淡定：

> 昆明不像重庆，重庆是山城，一拉警报大家就钻山洞，昆明没有山洞，所以一拉警报大家就往郊外跑。我们二十来岁的年轻人，十分钟就能翻过两个山头，躲在山沟里就足够安全了。老师们则不然，年纪较大，一二十年的习惯本是在书斋里静坐，翻山越岭则非其所长。大凡在危急的情况下，很能看出一个人的修养。比如梅校长，那时候五十好几了，可是极有绅士风度，平时总穿得很整齐，永远拿一把张伯伦式的弯把雨伞，走起路来非常稳重，甚至于跑警报的时候，周围人群乱哄哄，他还是不失仪容，安步当车慢慢地走，同时疏导学生。可是吴晗不这样，有一次拉紧急警报，我看见他连滚带爬地在山坡上跑，一副惊惶失措的样子，面色都变了，让我觉得太有失一个学者的气度。［**何兆武口述：《上学记（修订版）》第153—154页，生活·读书·新知三联书店2008年9月第2版**］

吴晗这幅“连滚带爬”图，实在是充满了漫画的色彩，而与之相对的，不失“学者风度”的事情也有一桩，黄秋耘称之为“奇异的婚礼”。那是1938年秋天在武汉闻一多主持的一场婚礼："那是一天傍晚，在武昌一家大酒楼上举行的。新郎陈文鉴君是闻一多先生的外甥，新娘闻立珠女士是闻一多先生的侄女，主婚人就是闻一多先生。婚礼刚刚开始，凄厉的空袭警报声就响起来了。电灯熄灭了，参加婚礼的客人正想躲避到防空洞里去，闻一多先生却以主婚人的身份在黑暗中高声宣布：婚礼乃人生的大事，不能因为小日本骚扰一下就中止举行，希望大家保持镇定。他继续致辞，婚礼也继续举行下去。幸而过了不多久就解除了警报。电灯复明，大家依次入席。"（黄秋耘：《风雨年华》第52页，人民文学出版社1983年10月版）我真为那天出席婚礼的人捏一把汗，这要是真的一颗炸弹下来，那可怎么办？这个时候表现气壮山河、视死如归，是不是太书呆子气了？

好在，大家都躲过了惊险，这些都成为谈论不完的经历，甚至是壮举。可是，也有躲不过的难过。往事并不总是如烟，轻轻就从心头掠过，它也可能是酸辣汤、胡椒粉，让你心酸心痛。"有两件东西毁了是叫我非常难过的。一是大大的相片，一是婚前你给我的信札……那些信是我俩生活最有意义的记载，也是将来数百年后人家研究你最好的史料，多美丽，多精彩，多凄凉，多丰富的情感记录，一下子全完了，全沦为灰烬！多么无可挽救的损失啊！……为这些东西的毁去我非常难过，因为这是不可再得的，我们的青春，哀乐，统统在里面，不能第二次再来的！”（《沈从文全集》第18卷第279页）这是张兆和得知苏州老屋毁于炮火后，于1937年12月14日致丈夫沈从文信中的慨叹。战争无情，容不下那些有情的文字。这损失又岂是“难过”二字了得?

2015年8月3日零点于小曲屯

总算开了荤

文人们在战前有过一段养尊处优的好日子。老舍在山东大学教书时，每月有三百大洋工资好拿，还有稿费作外快。银行有预备给孩子当教育经费的存款，手里有买点书报看看的余钱。安贫乐道，是文人常挂在口上的词儿，小富即安，文人比较满足。满足了就有喷云吐雾的幽默文字，不再发牢骚作愤青，而是太太客厅先生沙龙，莎士比亚但丁歌德。同情普罗大众，乃时髦营生，可家里柴米油盐，概不过问。可惜，这是夏日里最后的一朵玫瑰，战火带来的只有惊惶和忧伤。正如贾植芳所言："再也没有窗明几净的书斋，再也不能从容缜密的研究，甚至失去万人崇拜的风光……只能在污泥里滚爬，在水里挣扎，在硝烟与子弹下体味生命的意义。"（贾植芳：《狱里狱外》第1页，上海远东出版社1995年3月版）生活水准的下降，最明显的是体现在吃穿用度的日常消费上。老舍曾做过这样的比较："从二十九年（1940年）起，大家开始感觉到生活的压迫。四川的东西不再便宜了，而是一涨就涨一倍的天天往上涨。我只好经常穿着斯文扫地的衣服了。我的香烟由使馆降为小大英，降为刀牌，降为船牌，再降为四川土产的卷烟……”（老舍：《八方风雨》，《老舍生活与创作自述》第 396 页）

看过闻一多向妻子报告的长沙临时大学的餐饮情况，相信我们永远都不会再抱怨大学食堂的伙食差了：“早上起来，一毛钱一顿的早饭，是几碗冷稀饭，午饭晚饭都是两毛一顿，名曰两菜一汤，实只水煮盐拌的冰冰冷的白菜萝卜之类，其中加几片肉就算一个荤。……至于茶水更不必提了。公共的地方预备了几瓶开水，一壶粗茶，渴了就对一点灌一杯，但常常不是没有开水就是没有茶。”（闻一多 1937 年 10 月 26 日致高孝贞信，《闻一多全集》第 12 卷第 291 页）越往后写，越可怜，像一个孩子跟妈妈诉苦：“原来希望到南岳来，饮食可以好点，谁知道比长沙还不如。还是一天喝不到一次真正的开茶。至于饭菜，真是出生以来没有尝过的。饭里满是沙，肉是臭的，蔬菜大半是奇奇怪怪的树根草叶一类的东西。一桌八个人共吃四个荷包蛋，而且不是每天都有的。……今天和孙国华（清华同事，住北院）上街，共吃了廿个饺子，一盘炒鸡蛋，一碗豆腐汤，总算开了荤。”（闻一多 1937 年 11 月 8 日致高孝贞信，同前，

第 298 页）

到了云南之后，生活也并没有好起来，何况闻一多还要养活妻儿老小，不得不开源节流，一代文学大师叙述的这种细节读来让人心酸：“再报告你一件大事。纸烟寻常一天吃两包，现在改为两天吃一包。现在做到这一步，已经很不容易了，将来或者能完全戒断，等将来再说罢。”（闻一多 1937 年 12 月致高孝贞信，同前，第 308 页）还要更让人鼻子发酸的：“快一个月了，没有吃茶，只吃白开水，今天到梦家那里去，承他把吃得不要的茶叶送给我，回来再饭后泡了一碗，总算开了荤。”（闻一多 1938 年 6 月 27 日致高孝贞信，同前，第 351 页）无法想象，“吃得不要的茶叶”是什么样子，它让闻一多如此高兴，足见这绝对是稀缺资源。

物资短缺，通货膨胀，物价上涨，都侵蚀着国民的日常生活。有人计算，抗战八年中，法币 1 元的购买力，在 1938 年底值战前的 0.6 元，到 1939 年底只值 0.28 元，到 1940 年底降至 0.08 元左右，到 1943 年底只值半分，到 1945 年 6 月，已只值战前法币 5 毫。也就是说这时法币 2000 元才值战前法币 1 元，其价值只有原法币价值的万分之五了。（杨荫溥：《民国财政史》第 159 页，中央财政经济出版社 1985 年 8 月版）由此，你才会理解，闻一多吃几个饺子叫“开了荤”，喝点人家不要的茶，也叫“开了荤”。写至此，我也想到最近有人叫我去谈谈民国吃的，我说完全不懂，拒谈。我清楚他们的心理预期，知道他们想要的无非就是吟风弄月、山珍海味，要我真去谈闻一多“开了荤”，那才大煞风景呢！没办法，民国本不是你想象的那样。

2015年8月1日晚于小曲屯

吃不好饭，喝不到茶，开不了荤，这不算最悲催的生活，穷困得全家服毒自杀才刺激人的神经。事件的主角是戏剧家洪深，他早年留学哈佛，获得学士学位，是中国到国外专攻戏剧的第一人；回国后，改革话剧的表演和导演体制，是规范中国话剧艺术演出的前驱者；后来，担任电影公司编导，是中国早期电影的重要开拓者。抗战爆发后，他也是戏剧界冲在前面的领导和表率……夏衍曾把洪深、欧阳予倩和田汉并称为“中国话剧的三个奠基人”。显然，他可不是无名之辈，可就是这样一个人，都有过不下去的绝望，当时文人的困窘可见一斑。据1941年的《新蜀报》报道：

名剧家洪深，受经济压迫，于二月二十九日晨起，于重庆赖家桥乡间，全家（洪深及夫人、女儿）服大量奎宁红药水自杀，田汉等人闻讯潸然泪下。事发后，洪深的知交急电郭沫若，郭即偕渝名医马医生赴赖家桥洪深家施行急救，幸医术精良，营救之急，才得以无生命危险。……

洪深疾病缠身，女儿染病生死未卜，经济困难，觉得一切都无能为力。他在遗书上写道："一切都无办法，政治、事业、家庭、经济，如此艰难，不如且归去。"

文人是长翅膀的动物，向上可以扶摇九万里，一旦落到地上，落地的凤凰不如鸡，面对现实问题常常一筹莫展。曾敏之1943年9月25日在《大公报》上刊出《桂林作家群》一文，写到了作家的艰苦生活——艾芜像丐帮长老："家中有几个小孩在闹着要东西吃，每天，他右手携着布袋，穿着破旧的蓝布长衫，佝偻着腰，进城向朋友借钱买米。"田汉是湖南辣子品牌代言人："说来有点黯然，田汉的笔尖挑不起一家八口的生活重担……他家一桌人吃饭，每天的菜钱三十九元，一片辣子，一碗酸汤。"至于鲁彦更只能用"惨不忍睹"形容："一年多的病床生活把他折磨得只剩下一把骨头。"

为了一家的生活，鲁彦重病中维持着一份杂志，又不得不回到湖南，把三个大一点的孩子送进湖南难童保育院。而这后一件事尤其让鲁彦痛心。他说："我现在所最关切者乃是孩子们。儿女过于稚弱，今忽远离，恍如弃之，心中愧恨，梦魂难安。"（王西彦：《在魑魅的追逐下》，曾华鹏、蒋明玳编：《王鲁彦研究资料》第120页，江西人民出版社1984年10月版）

骨肉分离，等于从心头割肉，倘若不是走投无路，谁会这么做呢？鲁彦 1943 年 4 月给王西彦的信上说："弟病仍如故：喉哑，咳嗽，隔日发烧。……弟自发病至今，已逾三月，病状未见轻减，颇为绝望。……且家中吃饭人多，米价近已狂涨近八百，有趋千元之势（梧柳早已过千），维持为难，心中苦虑，亦实非疗病之道，奈何奈何？"（王西彦：《在魑魅的追逐下》，同前，第 110 页）到后来，鲁彦病重，全家生活唯靠夫人薄酬维持。"病人完全变了，躺在床上，几乎是奄奄一息了。原来红润的脸孔，变成瘦削而苍白；须发蓬松，两眼深陷；伸出的胳膊和腿，只剩着皮包骨，好像枯柴杆子"，这是鲁彦留给王西彦最后的印象。

邵荃麟后来曾记下鲁彦在桂林最后的日子："鲁彦是七月初抵桂的，到桂次日，我去看他，觉得比去年坏了很多，瘦得不成样子，喉头患了结核，说话很不容易。""鲁彦到此时，只剩九百元，情形极其狼狈，他的病因此次路上太辛苦——走了十二天，在敞车上睡了四天四夜——便突然变严重。"靠当地朋友筹钱、"文协"援助贫困作家基金接济，鲁彦这才得以入院治疗，可是这点钱不足以支持昂贵的医疗费，病人求生的意志又是那么强烈："我次晨去看他，已不能言语，身体瘦得皮包骨头，宛如骷髅，叫人惨不忍睹！但他仍极力希望活下去，叫医生替他打葡萄糖……”他去世时才四十四岁！穷得连安葬的费用都是募集来的。邵荃麟感慨道：“在我到医院以前，连入殓的衣着都无钱购买！一个文人下场如此悲惨，尚复何言！”（邵荃麟：《关于鲁彦的死及其他》，同前，第67页）

巴金在怀念鲁彦的文章谈到鲁彦，很值得我们深思：

> 生活的担子重重地压在你瘦削的肩上，它从没有放松过你。这些年你一直在跟它挣扎，你始终不肯屈服，你要畅快地吐一口气。可是你愈挣扎，愈透不过气来，好像这就是对你的惩罚一样。我知道，要是你肯屈服、肯让步、肯妥协，你一定会过得舒适、安乐。你并不是不喜欢舒适和安乐的生活。然而你的性格不让你有片刻的安宁。你的性格使你拖着一大家儿女在各处漂流。在某一点上，你有些像罗亭。这并不是说你能说不能行，我是说你不能适应环境，你不能为自己建立一个安定的“窝”；你不能为了个人的安乐，忍受任何不公平的待遇。你到处撞，到处碰壁，可是长期的困苦并不曾磨去你的锐气。就是在患病以后，不管躺在床上，或是拄杖缓行，你还是昂着头在撞，你还是因碰壁而恼怒。后来你的声音哑了，结核菌蚕食着你的咽喉，肉体的痛苦跟随死亡的逼近一天天在增加着，你还是不肯放下你的笔，你还是不断地为你创办的《文艺杂志》焦心。到最后，你只能用铃子代替你的语言，你还是没有

失去对生命的热望，你还是没有失去求生的意志。在先，没有人称你做一个战士。事实上许多年来你一直在奋斗，你想为你自己，也为别的一些人创造一个较好的环境，可是结果你终于痛苦地死在寂寞和贫穷里，像一个死在战地上的兵士，你没有看见胜利的希望就闭了眼睛。即使有人说你没有留下光辉的战绩，（其实你一部分的作品不就是光辉的成就么？）但谁能否认你是一个勇敢的战士呢？（巴金：《写给彦兄》，同前，第150页）

一个文弱的文人，那么沉重的生活重担，这又是一群有一点信念、理想不肯苟且的人，那么他们的人生和命运仿佛就早已注定。“要是你肯屈服、肯让步、肯妥协，你一定会过得舒适、安乐。你并不是不喜欢舒适和安乐的生活。”这是鲁彦的性格，也是一些文人的脾气。鲁彦等人的遭遇，再一次戳破了那带着花纹的窗户纸，并不是所有的文人的生活都像一些书里描述的，悠闲、浪漫，充满着诗情画意。然而，他们的可贵也正在于即使不是那样的生活，他们也绝不轻易放弃、妥协、屈服，哪怕他们时时在“挣扎”。说这些，在今天的人听来，是不是比摩尔斯电码还难破译？

2015年8月12日中午于竹笑居

一块钱，赶快寄来

1935年，鲁迅欣赏叶紫“作品在摧残中也更加坚实”时，这位作家才二十六岁。不过，他的身体却在摧残中愈发虚弱了。抗战爆发，生活动荡，叶紫肺病加重，生活来源也断绝，虽然回到故乡休养，但仍然难逃病魔的魔掌，去世时年仅三十。李健吾痛惜他的才华未得施展：“还有比这可痛惜的？死带走了最好的部分。”（李健吾：《叶紫的小说》，叶雪芬编：《叶紫研究资料》第193页，湖南人民出版社1985年版）叶紫生命中最后几年，一直在为创作长篇小说《太阳从西边出来》做着准备，然而，太阳既未从西边出来，也不曾从东方升起，还是落了。

1939年10月11日，在叶紫去世后第六天，他的妻子汤咏兰曾有一番泣血的叙述：

> 他还未绝气之前，心事很明白的，知道他自己不会有希望了，拿住我的手伤心痛苦地对我说：

一个人死是不要紧的，我虽死了我精神不死，不过许多心事未了，儿女又太小不能放心。我死后你和孩子都要饿死的！长篇小说还未写出来啊！……叶紫说了这几句后他更痛心的叫着："朋友们！朋友们快来救救我吧！快来救济我的孤儿女吧！"（叶紫：《致邝达芳先生》，同前，第204页）

死，意味着最好部分的消逝，这自然令人痛扼。但另一方面，或许在那样长久的病痛和困窘折磨中，死又未尝不是一种解脱。仅仅从文字中显示出的病况，已经让人难以忍受，1939年2月11日叶紫在日记中写道："大病了。头痛，发热。咳嗽，吐痰，喉痛，四肢疼痛，胸紧，胸痛，胃痛，心怔忡，口苦。一切病象，应有尽有。"（叶紫：《杂记、笔记、日记、感想、回忆》，同前，第106页）此时，他几乎只能依赖朋友的接济过活。1939年2月8日在给张天翼的信上说："一个月中，我曾断粮三次，几乎饿坏。从令侄女口中，我知道你非常穷，穷斯滥矣！但我还是要向你要三块钱，或者两块钱，要不然就是一块钱吧。赶快寄来。你知道，即算是一块钱，在乡下多大的用处啊！"（同前，第83页）三块，两块，不行就一块钱，急切地等米下锅。张天翼把这封信发表在2月22日《观察日报》副刊《观察台》上："我们想在朋友中间推行募捐，接济叶紫先生，无论生熟朋友，如有捐款，请交本报《观察台》代收。”此后，他不间断地收到全国各地朋友的捐款。然而，钱挽救不了生命，他写道：“自入夏以来，我几无一日不在病中，不三五天，气候一变，忽又发热……喉痹也发了，声音经常是嘶嗄的。身体已如纸扎人，仅仅几根骨头了。”（叶紫 1939 年 5 月 20 日日记，同前，第 134—135 页）

叶紫对自己的病情有着清醒的认识：“最近心理，特别现出病态，肝火极旺，容易暴怒，遇一毫不足道之小事，都大生其气。喜怒哀惧，都不能自制……”（同前，第 135 页）这种情形下，夫妻不和，怨气频生，无疑是火上浇油，加快病情发展。他甚至认为：“这当然是我得病的根源。”1939 年 3 月 12 日日记：“三月三号，（正月十三）即母亲逝世两周年纪念那天，和咏兰大闹一夜，后夫妻均开诚布公，作了一次和睦的而又可怕的长期谈判。一下子化除了八年来的夫妻中的隔膜、不满、怨苦、嫌恶，甚至仇恨。”（同前，第 108 页）其实，他们也算是患难夫妻，可是叶紫却是抱怨不断：“使我烦躁，而不能不动气的倒不是病，而是咏兰对我的‘爱好的东西’和‘爱做的事’的毫不关心的态度。”“她是多么地不关心我的‘爱好’啊：有时我痛苦地怀疑她在欺骗我。”（叶紫 1939 年 6 月 25 日日记，同前，第 151 页）更令人痛苦的，可能并不是两个人不爱，而是爱错或错爱，如果这样，爱成了痛苦的枷锁，彼此伤害的利刃。

喉痛加重，近于失音，头发大落，骨内酸痛，此时叶紫写道："'苦'，我不怕！'死'，我不怕！来吧！一切的磨难！……老子不怕你！……"（同前，第 151 页）这是一个倔强的人，然而，人怎么能强过命运？1939 年 10 月 24 日《救亡日报》上报道叶紫死讯时说："身后萧条，不仅遗妻孤儿生活成问题，而且埋葬之费亦无法筹措。"

2015 年 8 月 17 日晚于竹笑居

您还是一个战士

1933年春，在宋庆龄家举行的一次民权保障同盟的会议上，郁达夫对美国友人史沫特莱说："I am not a fighter, but only a writer.（我不是一个战士，我只是一个作家。）"这或许是一个恰如其分的自我评价，在很多人眼中，郁达夫是一个颓废作家、堕落文人。"曾因酒醉鞭名马，生怕情多累美人"，郁达夫诗酒人生，也给别人提供了切实的佐证。1930年，他的创造社兄弟王独清咬牙切齿地说："郁达夫这人老早是已经等于死去的，我们决不像鲁迅，在所谓左翼作家底会席上说他底颓废是可以原谅的。……郁达夫的自甘堕落，谁也不能替他辩护。"（**王独清：《创造社——我和它的始终与它底总账》，饶鸿竞等编：《创造社资料》第565页，知识产权出版社2010年1月版**）郁达夫好像也自甘"堕落"，当年11月他致函"左联"负责人，表示今后不能参加"左联"的会议和活动。恼羞成怒的"左联"，当月16日即开会做出"肃清一切投机和反动分子——并当场表决开除郁达夫”的决定。

1939年初，在新加坡的郁达夫，再一次重复了这句话，并说：“我不敢自居于前辈，我也没有救孩子们的大力，我不过是一个文艺作者，只想站在自己的岗位专做点文章，并且也用点心思，细看看来稿。”（郁达夫：《我对你们却没有失望》，《郁达夫文集》第7卷第57页，花城出版社1983年9月版）此时，他在新加坡，同时编辑《星洲日报》早版副刊《晨星》、晚版副刊《繁星》、星期刊的《文艺周刊》等三份副刊，后又兼编《星槟日报》的《文艺》双周刊，上述表态看着不甚积极，然而，“站在自己的岗位”上何尝不是一种坚守和责任？更何况，郁达夫的行动早已超过了语言。

1939年底，郁达夫在总结这一年的劳绩时说：“一年以来，读稿子长短约有一万余篇……就是连在业余的闲暇，也多费在读稿子上了。”（《〈文艺〉及副刊的一年》，《郁达夫文集》第4卷第308页，花城出版社1982年7月版）细算下来，每天要读稿三百篇，这是惊人的工作量！与他同住的儿子郁飞在《郁达夫在星洲三年》中回忆：“一九四〇年下半年，关楚璞辞职回香港。馆方让父亲暂代主笔。那几个月里，他除编副刊外还须写社论、看大样，每天都到后半夜才叫醒等在车座上打盹的印度籍司机开车送他回家。我每次被街上汽车声闹醒后就听到楼梯上脚步声和钥匙开门声，接着房门口出现他疲乏的身影，开灯搁下皮包后先去冲凉，然后入睡。”（郁飞：《郁达夫在星洲三年》，陈子善、王自立编：《回忆郁达夫》第463—464页，湖南文艺出版社1986年12月版）有这么兢兢业业的“颓废者”吗？

战争让郁达夫拥有了完全不同的精神状态。1941年12月13日，郁达夫领衔发表的《星华文艺工作者为保卫马来亚告侨胞书》，号召各界华侨“向日本法西斯展开无情的斗争”。同月，他担任文化界战时工作团主席，又任该团所属的战时青年干部训练班大队长。“这位发表过《毁家诗纪》的诗人团长，不是挂名，而是真干，热情洋溢地负起领导责任来。”“我记得，晚上熬夜编三个副刊的郁达夫，白天眼里挂着红丝，用沙哑的声音，对青训班作朝会讲会（他兼青训班大队长）。敌人轰炸加剧了，第二期青训班一百多人不得不分为四个中队，散布在金炎律南侨师范学校、后港、梧槽大伯公和爱同学校四个地方，他在轰炸中从一个地方到另一个地方，从不畏缩。他那瘦弱的躯体爆发着火一般的生命力，我仿佛看到一个在为希腊自由而战的拜伦。”（张楚琨：《忆流亡中的郁达夫》，同前，第590页）

1940年，在重庆的一次聚会上，老友们合作一首诗寄给远在南洋的郁达夫：“莫道流离苦（老舍），天涯一客孤（郭沫若），举杯祝远道（王昆仑），万里四行书（孙师毅）。”郭沫若附信说：“诗上虽说你孤，其实你并不孤，今天在座的，都在思念你，全中国的青年朋友，都在思念你。”（郁达夫：《“文人”》，《郁达夫文集》第8卷第439页，花城出版社1983年9月版）接到朋友们的鼓舞，郁达夫感慨万千，他也特别谈到旧友张资平被敌人收买、周作人附逆这样的事情，但是，他不认为个别人的行为就可以证明“文人无行”：

> “文人无行”，是中国惯说的一句口头语；但我们应当晓得，无行的就不是文人，能说“失节事大，饿死事小”这话而实际做到的人，才是真正的文人。近则如洪承畴；远则如长乐老，他们何尝是文人，他们都不过是学过写字，读过书的政客罢了。至如远处在离敌人数千里外的异域，只以为月薪比自己多一点，生活比自己宽裕一点的同事，就是阻遏自己加薪前进的障碍，是敌寇，是汉奸，是一手压住世界革命的魔鬼，像这样的文人，当然更不是文人了。因为这些人们，敌寇不来则已；敌寇若一到门，则首先去跪接称臣，高呼万岁的，也就是他们了。对这些而也称作文人，岂不是辱没了文文山的正气，辱没了谢皋羽的西台？（同前，第440页）

郁达夫在此重新认识“文人”，重申文人的精神。他认为抗战将“自私的，执著于小我的那一种情感”“一扫而光了”，“似乎在向民族国家的大范围的情感一方面转向”（郁达夫：《悼念胞兄曼陀》，《郁达夫文集》第4卷第323页）。不仅是纸面上，在生活中，他也在践行文人精神。朋友远方的思念，传达的还有对郁达夫的肯定和敬佩，与他并肩战斗的朋友们是称赞他的：

> 在所谓“新加坡防御战”的前夕，一次，我和郁达夫一起进防空壕，他近乎自言自语地说：“战争把我们团结在一起了。”然后问我：“我仅仅是一个作家吗？”
>
> 我兴奋地回答：“您还是一个战士，达夫先生！”
>
> （张楚琨：《忆流亡中的郁达夫》，《回忆郁达夫》第592页）

2015年8月26日午于竹笑居

最大的打击

1945年8月29日晚上，郁达夫正在家里与朋友谈事情，有人来找他，他们在门口谈了几句后，郁达夫回到客厅对朋友们说，出去一趟就回来。他没有讲原因，还穿着拖鞋和睡衣，显然没有走远的打算。不料，这一去便成为海外孤客，永不复返。

咖啡店的伙计说，那晚，郁达夫和一个二三十岁的青年进了店，两个人讲马来话，来者似乎要郁达夫做什么，郁不答应。随后，他们一起出门。“在离开咖啡店不远是一条小路，十分荒凉，只有一家印尼农民的茅屋。那印尼农民曾看见当天晚上大约九点前后，有一辆小汽车驶在那路上，里面有两个日本人。汽车停了许久，又有两人过来，上了汽车，就驶走了。那条小路晚间见不到光，所以不能分辨车上乘客的面貌。”（胡愈之：《郁达夫的流亡和失踪》，陈子善、王自立编：《回忆郁达夫》第559页）这是朋友们所知道的郁达夫最后的踪迹。

郭沫若曾感叹：在抗战中，“在我们的朋辈中，怕应以达夫的牺牲为最惨酷的吧”（郭沫若：《论郁达夫》，同前，第11页）。年逾古稀的老母，饿死在家乡；长兄郁华又被汪伪政权暗杀在寓所之外；他与妻子王映霞，一个创作《毁家诗纪》，叙述“毁家”经过，一个写下《一封长信的开始》，痛斥“那一颗蒙了人皮的兽心”，枕边的话成了报刊上的直播节目。国仇家恨之际，郁达夫以“新营生圹在星洲”的心情远走南洋，这也注定了他后来的命运。

1942年春，新加坡沦陷之前，他避难到苏门答腊，已经不能以原有身份公开活动，而是化名“赵廉”，还与朋友合作开了一家酒厂，做起了老板。日本人大浜令宜回忆：

> 这之前，只知道他是开酒厂的赵桑，但看了他的字，感到此人并非一般的华侨。他的身子整个儿显得瘦长，长脸型，血色很好，留一撮逗人喜爱的稀薄胡须。每次上门拜访，总是穿着一身宽大的条纹西式睡衣，正在读一本厚厚的书，屋里横排本的辞典和部头很大的书籍堆了一大堆，由此看出，他不是个等闲之辈。（［日］铃木正夫：《苏门答腊的郁达夫》第142页，李振声译，上海远东出版社1996年版）

另一位日本人池内大学的印象是：“日语、马来语、德语、法语和荷兰语说得很流利，战争与政治避而不谈，总是只谈论女人，但说上半个小时的话，你就可以知道他是个层次很高的知识分子……”（同前，第141页）一个人身份和经历可以编造，可气度却无法作假。不过，郁达夫也不会是个好演员，时不时总以本色出演。到苏门答腊不久，他对日语的精通即被发现，很长一段时间里被征召为日军的翻译。利用语言优势，他帮了不少人的忙，“赵大人”在当地可是顶呱呱的好人。“日本偶然破获印尼共产党一个机关，别的证据没有找到，只搜出一份捐款人名单，牵连太广了，郁达夫把名单指给日本兵看：‘这穷鬼，放高利贷，五盾十盾的放！’宪兵把名单撕得粉碎，打了坐守机关的印尼老人几个耳光，扬长而去。”（张楚琨：《忆流亡中的郁达夫》，《回忆郁达夫》第614—615页）可能没有人知道一代名士在军营中的屈辱，一个细节或许显示了郁达夫的真实生活：他与日本人一起过夜时，生怕自己讲梦话。

为了把“富商”的身份坐实，郁达夫在当地娶妻子，对方不清楚他的真实身份。有一次，郁达夫问对方：“你看我究竟是做什么的？”妻子望着家里一堆堆的书说：“我看你呀，我看你是一个都冈八杂（马来语，读书匠的意思）。”本色是书生，枕边人没有看错。据说当地早有人知悉他的身份，日军大概在1944年年初也知道了。但是，他们并没有对他怎么样，直到宣布投降后，日军武吉丁宜分队的一个班长，为了消灭罪证，下令几个部下绑架郁达夫，并在 8 月 29 日当晚勒死了他。次日清晨，他的一个女儿出生了，永远见不到父亲的女儿……郭沫若说：“这真真是不折不扣的‘妻离子散，家破人亡’！”（郭沫若:《论郁达夫》，同前，第 11 页）冰心在回答日本人时说:“战争对中国文学的最大打击，便是我们失去了他这件事。”（［日］铃木正夫：《苏门答腊的郁达夫》第 149 页）

2015 年 8 月 28 日于竹笑居

蒙一个汉奸的罪名而死

1940年6月28日，傍晚时分，上海的福建路上，一辆行进中的人力车突然遭逢枪手袭击，几声枪响，车上的人倒在了血泊中……这不是电视剧，遇害人是有“新感觉派圣手”之称的小说家穆时英。那是汪伪统治时期的上海，他是汪伪主办的报纸《国民新闻》的社长，还担任过汪伪政府宣传部文艺科长、驻沪特派员等职。在国人的眼中，这就是十足的落水汉奸。那段时间，因为参与汪伪“和平运动”而被重庆方面锄奸团刺杀的有37人之多。

当晚，接到电话之后，松崎启次和穆时英其他几位朋友陆续赶到医院。“在四马路灯光最终变暗的地方，我们看到了那个医院。车一驶进大铁门，就感到五层楼的医院那阴晦、凄恻的妖气扑面而来。”他们跟护士打听穆时英的病房，护士若无其事地说：“穆？啊，就是那个被杀的人呢？他已经在停尸间了。”而在工部局验完尸之前，任何人都不能进去。他们只好去愚园路穆时英的家中，“走上台阶推开门，发现他的母亲已经被这突发事件惊得不省人事，被抬到了隔壁房间的床上。他年轻貌美的妻子，一看到进来的我们，顾不上去擦流出的泪水，开口便与黄君和刘君谈起穆君之死的前后经过”（［日］松崎启次：《穆时英先生》，《穆时英全集》第3卷第453—455页，北京十月文艺出版社2008年1月版）。

据张资平说：穆时英离开香港来到上海时，曾对重庆方面有个承诺，将上海的情报送到重庆，“然而，他逐渐表现出对汪精卫理论的热情，想与重庆方面断绝往来。在得知了他两次赴日之后，重庆方面要求他逃回香港，在那里散播关于汪精卫派和日本内情的谣言，他的拒绝被视为叛逆而遭到射杀”（［日］松崎启次：《穆时英先生》，同前，第460—461页）。那段时间，家人已经接到两次警告电话，也收到过恐吓信，穆时英显然也承受着巨大的心理压力，毕竟，他才二十八岁。他太太后来说：他已经对回上海心生悔意，“心情非常紧张，日夕担心有人会暗算他。他尽可能躲在家里，不敢外出”，他甚至让太太去求神拜佛，保佑他的安全。（侣伦：《悲剧角色的最后》，同前，第532页）

另一方面，大家都在传说他是汪伪的“红人”：“穆时英很阔绰，在周佛海的部下，很红，负责文化电影各项工作，并兼民族日报社社长之职。他曾亲口对 × 说，他能直接见汪精卫，极司非尔路的汪公馆直进直出。有一次，丁默邨的部下要对他施行身体检查（指‘抄靶子’而言），他生气了，掉头就走，以后丁本人亲自向他道歉。”（卜少夫：《穆时英之死》，初刊 1940 年 7 月 23 日《重庆时事新报》，《穆时英全集》第 3 卷第 486 页）这样一个人，岂不是死有余辜？然而在香港，他也曾写下很多表露心迹的抗日文字，比如：“也许五百公斤的炸弹会掉下来，消灭了这些精致的珠艇，可是汉民族却将像这静默的珠江一样地，永远地，永远地生存下去。我们也许会流血五十年甚至一百年，可是我们的自夸的敌人将一个没有遗留地粉碎在我们脚下。”（穆时英：《飞机翼下的广州》，初刊 1937 年 11 月 11 日《宇宙风》第 51 期，《穆时英全集》第 3 卷第 111 页）越是这样，朋友们越难以理解，他是怎么一下子附逆了？

穆时英去世三十二年后，1972 年香港《掌故月刊》第 10 期发表署名“康裔”的文章《邻笛山阳——悼念三十年代新感觉派作家穆时英先生》，替穆时英喊冤：“穆时英死了，他死得冤枉！他蒙了一个汉奸的罪名而死了！但他不是汉奸，他的死，是死在国民党的双重特务下，他是国民党中央党方的工作同志，但他却死在国民党军方的枪下。”他承认是他亲自安排下，穆时英才从香港赶回上海出任伪职的。为了证实此事，香港文学史家司马长风于1976年7月间，曾两次与“康裔”通信、一次通电话，并在8月24日下午在九龙的半岛酒店见面详谈。“康裔”姓嵇，是陈立夫的亲戚，当时的中统局长是朱家骅，实际负责此事的是徐恩曾，战后徐因过错被南京最高当局解职，并批“永不录用”。而军统一面，当时就把杀了附逆的穆时英列为一大战功，戴笠又正得势，“在‘中统’负责人失势的情况下，遂难以翻案，穆时英遂地下含冤，直到今天”（司马长风：《中国新文学史》下册第48页，昭明出版社有限公司1978年12月版）。人性是复杂的，时势更复杂。呜呼，谁知道我们的命运究竟操控在谁的手里？军统杀了中统？这又是一个电视剧的素材。

2015年9月2日凌晨一点多于吴兴路

补记：解志熙先生撰文《“穆时英的最后”——关于他的附逆或牺牲问题之考辨》（收于《文本的隐与显：中国现代文学文献校读论稿》，北京大学出版社2016年6月版）对“康裔”的穆时英之死说提出质疑。解文认为“嵇康裔”，本名嵇希琮，浙江吴兴人，是中统特务。根据对嵇氏行踪的追踪，解志熙认为：

“实情乃是‘嵇康裔’即‘嵇希琮’在当年根本就没时间也没心思专程去香港策动穆时英回上海做‘中统’卧底的。因为，恰在1939年冬到1940年夏这半年间，‘中统’上海区摊上了三件连环套式的大事变，而嵇氏则是其中的骨干人物，他不可能有机会去香港的。”所以，他关于穆时英为卧底一说纯属编造。通过对穆时英思想蜕变过程及妥协思想的考察，解志熙认为：穆时英“并非一个冤死的抗日英雄，而仍是一个附逆的汉奸文人”。对此有兴趣的读者，不妨参考解文。

穆时英遇刺后，汪精卫和林柏生闻讯“极为悲愤”，除去电吊唁外，还分别电汇五千和两千元治丧费，伪警政部政治警察署悬赏万元缉拿凶犯……穆时英一直崇拜的日本新感觉派健将横光利一说：“穆先生诚实谦逊，是个让人怀有好感的现代青年，见过他的日本文学家们都有同感，一提到中国有这等人物，我们都感到有些折服。”（［日］横光利一：《穆时英先生，去了》，《穆时英全集》第3卷第439页）加藤武雄说他“是一个眉清目秀、贵公子般的青年。他不眨眼地凝视着其他人的脸，挺着肩，脸微扬”（［日］加藤武雄：《悼念穆时英君》，同前，第462页）。

也有日本人谈到穆时英与胡兰成的关系非同寻常：“他是个举止礼貌性格温顺但内心具有钢铁般意志的人。宣传部长林柏生、次长胡兰成很是喜欢穆君，在宣传部的文化人里，他是文人里唯一的笔墨高手。他死的时候胡兰成刚刚来到上海，据说胡闻讯后不禁痛哭失声。”（［日］增谷达之辅：《致今日出海函》，同前，第438页）卜少夫在《穆时英之死》中也说：“穆时英的附逆，和胡兰成的关系最大。”（卜少夫：《穆时英之死》，同前，第483页）不过，胡兰成在《今生今世》中则轻描淡写：“我住在薄扶林道学士台，邻居有杜衡、穆时英、戴望舒、张光宇、路易士，他们都是文学家或画家，我亦只与杜衡玩玩，余人不搭讪。”（胡兰成：《今生今世》第179页，远景出版事业有限公司2009年5版）胡兰成的话，估计全天下只有张爱玲句句信。照理说，穆时英是大汉奸的密友，在对侵略者同仇敌忾的年月里，大家应该对他口诛笔伐才是，可事实并非如此，人们都在说穆时英一表人才，替他惋惜。多年后，叶灵凤谈到穆时英的“附逆”，认为是“年轻人的糊涂”。“据说事先有许多年青人警告过他，当然他个性是强一点，不听……想到一年内损失了两个很好的朋友（另一位指刘呐鸥——引者），中国文坛也损失了两个很有才干的人，徒呼奈何而已。”（叶灵凤：《三十年代文坛上的一颗彗星》，《穆时英全集》第3卷第494页）

或许穆时英去世时太年轻，增加了大家情感的分量；更重要的是，这个人的人缘太好，以致哪怕是荒唐事，都成为候选佳话。有人描述过他的样子：“熨头发，笔挺的西装和现代风的文士的品格，这是穆时英先生的外貌，满肚子堀口大学式的俏皮话，有着横光利一的小说作风，和林房雄一样的在创造着簇新的小说的形式，这便是穆时英先生的内容。”（迅俟：《穆时英》，同前，第480页）据说自从《现代》杂志登了他的照片后，惹得许多女学生神醉魂倒，风闻他喜欢去跳舞场，她们也去那里找穆时英。那年，他发表了《上海的狐步舞》，才二十岁，真正的小鲜肉。穆时英后来的太太，就是一位舞女。1936年，两个人闹矛盾，太太去了香港，他是为了追太太才离开上海的。那年，在香港，“出现在我眼前的穆时英穿着长袖白色衬衫，有一副江南人的文秀面孔，的确剃光了头，同他的仪表有些不调和，看起来很不顺眼。”“这是我后来才知道的‘秘密’：穆时英所以把头发剃光，原来是太太的‘约法’：要想挽回夫妇关系，除非他剃光头表示诚意。结果穆时英照做了。”（侣伦：《穆时英在香港》，同前，第528—529页）哈哈，他的确是个说做就做的可爱的人。当年，戴望舒因为与施蛰存的妹妹恋爱不成而痛苦不堪。穆时英说：“施蛰存的妹妹算得什么，我的妹妹要比她漂亮十倍，我给你介绍。”最终穆时英也如愿以偿，让戴望舒成了他的妹夫。

我发现，去世时还不及而立之年的他，已经写过两篇谈中年的文章了。1934年9月，他发表《中年》，这时他不过二十三岁，居然觉得“中年是悄悄地来的，蹑着脚尖偷走进来的，而我是不知不觉间精神地到了中年的人了”，“人是很容易衰老的，因为我们有着太多的患难，因为我们有着太敏锐的感觉，因为我们的青春是那么地脆弱，而我们的血液已经遗传了五千年，是一个古旧的血液”（穆时英：《中年》，《穆时英全集》第3卷第30—31页）。他内心中要负载多少东西，竟使他未老先衰？1938年发表《中年杂感》时，他才二十七岁，文字中却充满了那么多的沧桑感、苍凉感。也许，这跟他身处的那个环境、那个时代有着扯不断的关系，毕竟那样的岁月太浩茫，人一眼望不到头，望不见岸。他感叹：

> 三十到五十中间，至少还有五年是消费在驱逐民族敌人上面，有五年是消费在建筑被炸毁了的城市和焚烧了的乡村上面，生活刚开始，死亡便跟着来了。国泰民安，五谷丰登，上邦风光，天朝盛事，我们大概不会有分；辉煌的明日属于明日的一代。我们的命运只是革命，饥饿，穷困，战争，流亡。原是牺牲了的一代啊！
>
> 也许这样的感慨有些自私，有些没出息，然而，人类的福利，生活的目的究竟是指的什么，这广漠的世界上，究竟有没有一个天下为公的家伙，我实在是有一点怀疑。见不平事，拔刀而起，望到些微的光明蹈火以赴，这样的气概，这样的热情，现在全不知道消逝向何方，对于一切事，自作聪明，只想安定，只想躲避，这大概正是中年人的气

质吧？（穆时英：《中年杂感》，同前，第144页）

“我们的命运只是革命，饥饿，穷困，战争，流亡。原是牺牲了的一代啊！”这话说得很沉痛，仿佛也是他个人的谶言。“世界是平淡得像一幅褪了色的印花布，而在这黯淡陈旧的花纹里边，却隐藏着眼泪和欢笑，血和汗，幸福和痛苦。”（穆时英：《中年杂感》，同前，第143页）平淡的是世界，不平淡的是每个人的命运，哪怕是一个二十八岁便如彗星般划过天空的年轻人！

2015年9月2日午于吴兴路

下编　自尊

这个鲁迅不太冷

被中学语文老师弄坏了胃口的人，听到鲁迅的名字一定如太行、王屋二山压顶；而那些喝着奶茶的小女生，见到这个名字不免也觉“深刻”得头痛。这是一个大踏步地从浅薄走向浅薄的时代，有一个张爱玲就够了，别再拿鲁迅来搅大家的兴致了。因为多少年来，关于鲁迅的限定语都是：战士啊，匕首啊，投枪啊……明晃晃的，多暴力。对了，还有很多很多“伟大”什么的，现在是平民的大众的时代，拿“伟大”吓唬谁啊？

鲁迅和他的文字被莫名其妙地给弄走调了，仿佛他只剩下热讽冷嘲、尖酸刻薄，以致让人总是望而却步。其实，以平常心读他的文字，不难发现那里有真正的幽默，也不乏儿女情长。你会发现，他虽不如徐志摩那般热情似火，不似郁达夫那样缠绵悱恻，但却冷中有热，也常一往情深。

不信，那就先读一读他书信中谈论儿子海婴的文字。那是他笔下关于儿子的一个个温馨的小镜头：

一、“真难办”

鲁迅是以笔为生的人，需要相当安静的写作环境，可是自从海婴同志降生后，便家无宁日了。“现在每天很忙，专门吵闹，以及管闲事。”（1934 年 9 月 16 日致母亲信，本篇引用鲁迅书信均出自《鲁迅全集》第 13 卷，人民文学出版社 1981 年版，为行文简洁，以下均不注具体页码）鲁迅不胜其“烦”，却又无可奈何：“要吃东西，要买玩具，闹个不休。客来他要陪（其实是来吃东西的），小事也要管，怎么还会胖呢。他只怕男一个人，不过在楼下闹，也仍使男不能安心看书，真是没有法子想。”（鲁迅 1934 年 8 月 21 日致母亲信）“搬家以后，海婴很健康，但更顽皮，在家时常有暴动之虑，真难办。”（鲁迅 1934 年 2 月 12 日致增田涉信）一句“真难办”看来是“烦”中有爱。

二、“希望他快过二十岁，同爱人一起跑掉”

这样调皮的家伙拿他有什么办法？打没用，讲道理也常常无效，幼稚园放假全家都发愁：“海婴是够活泼的了，他在家里每天总要闯一两场祸，阴历年底，幼稚园要放两礼拜假，家里的人都在发愁。……他只怕男一个人，但又说，男打起来，声音虽然响，却不痛的。”（鲁迅 1936 年 1 月 8 日致母亲信）“没有丝毫奴颜和媚骨”的鲁老夫子在儿子面前只好“俯首甘为孺子牛”了，遇到海婴以不肯吃饭消极抵抗的时候，“这时我也往往只好对他说几句好话，以息事宁人。我对别人就从来没有这样屈服过。如果我对父母能够这样，那就是一个孝子，可上‘二十五孝’的了”（鲁迅 1935 年 3 月 19 日致萧军信）。治父有方啊，所以鲁迅幽默地说：“孩子也好，但他大了起来，越加捣乱，出去，就惹祸，我已经受了三家邻居的警告……但在家里，却又闹得我静不下来，我希望他快过二十岁，同爱人一起跑掉，那就好了。”（鲁迅 1935 年 6 月 7 日致萧军信）

三、“这种爸爸，什么爸爸！”

即便这样，小家伙还有许多不满呢！“……但海婴这家伙反而非常顽皮，两三日前竟发表了颇为反动的宣言，说：‘这种爸爸，什么爸爸！’真难办。”（鲁迅 1934 年 8 月 7 日致增田涉信）幸好，他放弃了吃掉爸爸的想法：“他去年还问：‘爸爸可以吃么？’我的答复是：‘吃也可以吃，不过还是不吃罢。’今年就不再问，大约决定不吃了。”（鲁迅 1934 年 12 月 20 日致萧军、萧红信）鲁迅不由感慨：“过了一年，孩子大了一岁，但我也大了一岁，这么下去，恐怕我就要打不过他，革命也就要临头了。这真是叫作怎么好。”（鲁迅1935年1月4日致萧军、萧红信）但小家伙已经学会欺负妈妈了：“男孩子大都是欺负妈妈的，我们的孩子也是这样；非但不听妈妈的话，还常常反抗。及至我也跟着一道说他，他反倒觉得奇怪：‘为什么爸爸这样支持妈妈呢？’”（鲁迅1934年7月23日致山本初枝信）

四、“没有弟弟，太寂寞了”

小家伙对父母的不满多着呢！“……还发牢骚，说没有弟弟，太寂寞了，是个颇伟大的不平家。”（鲁迅1934年7月30日致山本初枝信）“他同玛利很要好，因为他一向是喜欢客人，爱热闹的，平常也时时口出怨言，说没有兄弟姊妹，只生他一个，冷静得很。”（鲁迅1936年9月22日致母亲信）

五、“希特拉有这么多党徒”

“动物是不能给他玩的，他有时优待，有时则要虐待，寓中养着一匹老鼠，前几天他就用蜡烛将后脚烧坏了。”（鲁迅1934年6月13日致母亲信）“海婴是好的，但捣乱得可以，现在是专门在打仗，可见世界是一时不会平和的。”（鲁迅1935年2月9日致萧军、萧红信）真是暴行累累！这怎么行呢？

父亲要引导啊教育啊，结果适得其反：“但我这里的海婴男士，却是个不学习的懒汉，不肯读书，总爱模仿士兵。我以为让他看看残酷的战争影片，可以吓他一下，多少会安静下来，不料上星期带他看了以后，闹得更起劲了。真使我哑口无言，希特拉有这么多党徒，盖亦不足怪矣。”（鲁迅 1935 年 2 月 6 日致增田涉信）

六、“只要问我就是”

在孩子的教育上，鲁迅是很通达的，并不逼着孩子早识字，而是保护孩子的天性，任其自然，由他去闹。可孩子毕竟会在大环境的自然引导下走上求知的道路，鲁迅记下的几笔也颇为生动：“惟每晚必须听故事，讲狗熊如何生活，萝卜如何长大等等，颇为费去不少工夫耳。”（鲁迅 1933 年 11 月 12 日致母亲信）“海婴仍不读书，专在家里捣乱，拆破玩具，但比去年懂事得多，且较为听话了。”（鲁迅 1933 年 12 月 19 日致母亲信）“他现仍在幼稚园，认识几个字，说‘婴’字下面有‘女’字，要换过了。”（鲁迅 1935 年 10 月 29 日致萧军信）“他大约已认识了二百字，曾对男说，你如果字写不出来了，只要问我就是。”（鲁迅 1936 年 1 月 21 日致母亲信）

七、“学到的宝贵知识是铜板有多么重要”

海婴大了，知道爱美了。“他什么事情都想模仿我，用我来做比，只有衣服不肯学我的随便，爱漂亮，要穿洋服了。”（鲁迅 1935 年 11 月 15 日致母亲信）知道钱的用处了，这是上幼稚园的收获。“海婴的顽皮颇有进步，最近看了电影，就想上非洲去，旅费已经积蓄了两角来钱。”（鲁迅 1935 年 2 月 17 日致增田涉信）“孩子从上月送进幼稚园，已学到铜板是可以买零食的知识了。”（鲁迅 1935 年 10 月 25 日致增田涉信）“他学到的宝贵知识是铜板有多么重要。因为看到同学在买各种东西吃的缘故。”（鲁迅 1935 年 12 月 3 日致山本初枝信）

多么生动的“父与子”啊！在对儿子“口诛笔伐”的同时，这里面饱含着多么深的父爱，看一看对每一个生活细节的叙述还体味不出吗？鲁迅曾有《答客诮》一诗：“无情未必真豪杰，怜子如何不丈夫。知否兴风狂啸者，回眸时看小於菟。”连那“兴风狂啸”的大老虎都时不时要回眸看看小老虎（小於菟），更何况人呢？鲁迅是一个内心世界极其丰富的伟大灵魂，也是一个普通的人，是全天下万千父亲中的一员。

2007 年 12 月 16、23 日夜

自尊

1936年春，中央研究院开会，邀请清华大学教授陈寅恪出席。陈考虑再三，致信傅斯年决定不出席。信中说，他“踟躇久之然后决定”，开一个会要这么慎重对待？关键在于他不想请假。“清华今年无春假，若南行必请假两礼拜，在他人，一回来即可上课，弟则非休息及预备功课数日不能上课，统合计之，非将至三礼拜不可也。”陈寅恪顾忌什么呢？原来，他认为：“别有一点，则弟存于心中尚未告人者，即前年弟发见清华理工学院之教员，全年无请假一点钟者，而文法学院则大不然。彼时弟即觉得此虽小事，无怪乎学生及社会对于文法学印象之劣，故弟去学年未请假一点钟，今年至今亦尚未请一点钟假。其实多上一点钟与少上一点钟毫无关系，不过为当时心中默自誓约（不敢公然言之以示矫激，且开罪他人，此次初以告公也），非有特别缘故必不请假，故常有带病而上课之时也。”（陈寅恪1936年4月8日致傅斯年信，《陈寅恪集·书

信集》第 50 页，生活·读书·新知三联书店 2001 年 6 月版）

陈寅恪可不是清华大学普通教授，甫进清华就位居国学院四大导师之列，到 1936 年他的学术地位更是如日中天，他兼任中央研究院评议员、史语所第一组主任，请个假，缺几堂课，去开个会，不算过分吧？可是，他觉得不能任意缺课，为此，他竟然“常有带病而上课”。他很在乎社会上对于文科教授的看法，那是因为他的内心中，有一种高高的自尊不容玷污。老百姓常说，人要脸树要皮，自尊产生自律。而且，做这些，他是“心中默自誓约”，以陈寅恪的脾气，我想他不是怕担当或怕得罪人，而是不想拿“自尊”“自律”赚名，为自己贴金——在这一点上，今之好名者喜欢自我标榜，与此完全不是一种作风。

无独有偶，这种“自尊”在蛰居海上的郑振铎身上也有所体现。抗日战争全面爆发后，看到江南图书文献遭受劫难，郑振铎、张元济等一批文化人呼吁国家抢救文献。为此，他们在重庆方面的支持下，秘密成立了一个文献抢救同志会。有两年多的时间，郑振铎奔走于各书店之间，为国家抢救了大量珍贵的文献。自然，这也耗费他无数的精力，正是因为这样，朋友考虑到他家累较重（困难时，他甚至卖自己的藏书换柴米），便在背后提议给他一份补助。想不到，郑振铎得知，坐立不安：

> 惟近有一事，殊使弟深感不安，为弟立场计，不能不慎重声明素志。盖顷从某友许获悉森公曾去函尊处，述何先生意，欲按月付弟以若干报酬。此事殊骇听闻！弟事前毫不知情，否则，必力阻其不必多此一举也。二公盛意，虽甚可感，然似未深知弟之为人。弟束发读书，尚明义利之辨，一腔热血，爱国不敢后人。一岁以来，弟之所以号呼，废寝忘餐以从事于抢救文物者，纯是一番为国效劳之心。若一谈及报酬，则前功尽弃，大类居功邀赏矣，万万非弟所愿问闻也。尊处如亦允二公所得，竟欲付弟以报酬或任何名义，则弟只好拂袖而去，不再预问斯事矣！……书生报国，仅能收拾残余，已有惭于前后方人士之喋血杀敌者矣。若竟复以此自诩，而贸然居功取酬，尚能自称为“人”乎？望吾公以“人”视我，不提报酬之事，实为私幸！（郑振铎1941年2月26日致蒋复璁信，郑振铎：《为国家保存文化》第236—237页，中华书局2016年4月版）

虽然，郑振铎又声明，他是国立大学教授，依规不能领取国家两份俸禄，不过我想，但凡了解郑的付出与贡献者，于情于理都不会非议这样的一种所得，况且，这也仅仅是短期的补贴。然而，与陈寅恪一样，这些理由在他们的内心中是通不过的，这早已不是什么规章制度要求的问题，知识分子一份可敬的自尊就不允许他们那么做。

2017 年 7 月 21 日于竹笑居

时气温近 41℃，据云打破徐家汇气象观测站 145 年记录

老派

“老派”这个词在今天也不知道是褒义还是贬义，《现代汉语词典》中说指的是“举止、气派陈旧”或“举止、气派陈旧的人”，看不出有多少赞扬的意味。估计这个词在“五四”时代一定用得很多，那种接受了新思想有了新举动的“新派”一定对遗老遗少们的“老派”大大地瞧不起。可是，“苟日新，日日新，又日新”，昨天还风华正茂，转眼间成明日黄花，孰新孰旧，真也难说。生在一个“后后社会”中，整天与“新新人类”打交道，我不知为什么居然怀念起“老派”来——大约，自己渐老吧？

“老派”是不用电脑的，也不会随便给人打电话，倒是习惯写信，常常每信必复；再讲究一点，用的是毛笔写在朵云轩的信笺上，总是规规整整地一页解决问题。“老派”总是与奢华无缘，但也总有自己奢侈的享受，小吃，点心，酒和茶，哪怕是写字的稿纸，不论日子多么清寒，总有一点不肯“大众化”的地方。

“老派”做人行事从不肯随随便便，哪怕是理所应当的要求也总是客客气气地提出——贸然向别人提出非分的要求，在他们简直等于是十恶不赦的犯罪，他们在某些地方的谦恭和谨慎甚至让人觉得大可不必……给“老派”画一幅像，我没有那个本领，很多事情不像“征婚条件”和“招聘启事”那样可以写得一清二楚，不过，在具体的人和事中我们还是能够体察出来。

董桥在《南山雨》一文中，曾描述身处窘境中，所得到一位长辈的心灵援助：

> 三四十年前我带着家小来香港谋生，白天做两份兼差的工作，晚上给报纸杂志写稿翻译，三口生计勉强应付，偶然碰到意外支出，变卖细软的落难举措还是有的。这样熬了两三年，老二出世的时候，我去应征一份工钱优厚的职务，连过三关，十拿九稳，竟然落空。眼下是儿女的哭声和笑语，前路是通俗文艺作品夜雨屋漏的灰蒙景象……
>
> 那期间，石初先生辗转知道了我的境遇，有一天约我到莲香茶楼喝早茶。是农历腊月，天刚亮，楼上靠窗的茶座冷得很，他殷殷劝我多吃点心暖胃，尽说些不着边际的闲话，下楼道别之际，徐徐从大衣口袋里摸出一本薄薄的小册子给我，是他早年手抄的一些田园诗，喃喃说：“这些诗写得清爽，念起来舒服。苦闷的时候读读诗词，日子会变得漂亮些！”（董桥：《从前》第70—71页，香港

牛津大学出版社 2002 年版）

这里写到的申石初先生就是老派的人物，这样的故事也可入《世说》！试想如果他拿着长辈的架子絮絮叨叨地讲人生哲学，那烦不烦哪！要是他从口袋里掏出美元或港币，那未免俗得大煞风景。君子之交淡如水，水之味历经时间的久酿会变得越来越醇。石初先生对晚辈也不是没有点拨，那是润物细无声般地流入心田的语言，让人有如沐春风般的温暖："那天晚上天更冷，石初先生打电话言归正题，要我宽心，用了'事缓则圆'四个字劝我再碰碰机缘，说他一九五二年刚来香港也磕磕绊绊，困顿无助，天天晚上读诗抄诗解忧。"（同前，第 72 页）这个故事的结尾颇有余韵：

> 一九九〇年年尾，石初先生丧偶，万念灰蒙，久久难释，人也苍老了许多。一天，我约他到莲香茶楼喝早茶，下楼道别的时候，我把二十五年前他给我的那本诗册交还给他。我握着他冰冷的手，一句话没说。申先生看看我，看看那本破旧的小册子，微微点了点头，转身踽踽走进晨曦里的小巷。（同前，第 77 页）

还有一件事情虽然完全是另一种风格，但是"老派"的作风却同样令人感叹。这说的是国民党元老叶恭绰，他是位大藏家，藏物甚丰，宣德炉、古尺、墨、印、砚等等，样样都有稀见的精品，他的境界在于藏物却不役于物，该撒手助人则毫不犹豫：“一次启功母病，无医药费，乃以物质典，恰途遇恭绰，恭绰执启功手云：‘我亦孤儿。’言下泪为沾襟，立出资助之。”（郑逸梅：《忆叶恭绰老人》，《艺海一勺》第30页，天津古籍出版社1994年3月版）如果说这样的事情是可见性格的常事，那么下面的事却不能不说是大显性情的豪举。它关系到另外一位大名人张大千，他家传王右军的《曹娥碑》，“唐人题识累累”，一次赌局中张大千大输，只好以此帖易人。十年后，张大千的母亲病重，忽然提出《曹娥碑》多时未见，想看一看。张大千一听叫苦不迭，又不敢告以实情，遂找当年的接收者，接收者说早已出手了，张大千一筹莫展，在向叶恭绰等人诉苦时，奇迹出现了：

> 恭绰却笑指鼻，说：“《曹娥碑》在我这里。”大千喜极，即拉王秋湄于屋隅，求其代恳恭绰，并提出三点：“一如能割让，请许以原值为赎。二如不忍割爱，则以自己所藏书画，任其拣择，不计件数相易。三如认为均不可，则请暂借二星期，经呈老母病榻一观，再行璧还。”秋湄将大千意见转告恭绰，恭绰慨然说道：“我一生爱好古人名迹，从不巧取豪夺，玩物不丧志，此乃大千先德遗物，

而太夫人又在病笃之中，我愿以原物返回大千，即以为赠，不取任何报酬。”大千感激不已，认为恭绰风概，不但今人所无，即使古人，亦所未闻。（同前，第31页）

在今天，为了那点书画、古董，一家人反目、对簿公堂的事情屡见不鲜，恭绰老人“玩物不丧志”的古风实在让人觉得“老派”既亲切可人又气度非凡。

2008年5月7日晚

为了避免奉承领导之嫌（老派之二）

一

不知怎么，想起了中学课本里学过的《有的人》，我很不喜欢这首诗，当年还因为背不出来在课堂上出过丑，心想：什么破诗！今天，却忽然悔悟：不能以自己好恶来评价别人，用“有的人”造句子常常是生活里最坚挺的逻辑。比如：有的人老觉得自己了不起，动不动说这个文笔不好，那个人的书读不下去，其实速朽的是他自己；而有的人只想坐在家里读书，从来不去张扬什么，却引得成千上万的人对他迷恋不已。前一种人是谁不说了，现在多得去了，不过为了争风取宠；后一种人自然凤毛麟角，我能联想起来的是以“默存”为字的钱锺书。

钱锺书给人的印象似乎都是恃才傲物、瞧不起人的才子相。比如，有大学想给他老爹开个研讨会，他说开这类研讨会是“招邀不三不四之闲人，谈讲不痛不痒之废话，花费不明不白之冤钱”，哈哈，这话够狠。比如，据说他还评价过自己的老师们：“叶公超太懒，吴宓太笨，陈福田太俗……”这还了得？！杨绛先生赶紧出面“辟谣”，称绝无此事。可是，依钱先生的脾性，我只能说谁编得这么像钱锺书说的呢？才子之外，我还在文字中见识过钱先生的君子之风。几年前读过一篇《钱锺书的“小心”》的短文，里面引了周策纵先生的文章写到钱锺书的一个细节：

> 当时俞平伯先生和钱先生都住在三里河，周教授约好了去拜见俞平伯先生，告别前问钱先生如何去法。钱锺书坚持亲自送周教授过去，在“外貌”相似的一排排楼房内曲曲折折地穿行，准确无误地找到了俞先生的家门，完全不像别人文章中说的“钱锺书不会记路”。钱锺书敲门，出来开门的正是俞先生。钱锺书见了，深深地鞠一个躬，说：“老师！”俞平伯先生邀钱先生到他家里坐坐，钱先生说不要打扰，转身回去了。周教授在序文中感叹道：“他这种对老师的尊敬，倒使我吃了一惊，也使我自觉惭愧。自从到美国以后，无论在台湾、香港或大陆，见到过去的老师，都没有讲究过这种旧式尊师的礼节。现在年纪大了，即使想找以前的老师来尊敬一番，也找不到了！”（转引自甄酒：《钱锺书的“小心”》，《深圳商报》2005年8月4日）

据说这是周策纵在汤晏的《民国第一才子钱锺书》的序文里写到的，简体字版的《一代才子钱锺书》未收，我看不到。不过，这本传中倒有余英时先生的话，谈到在美国接待过钱先生后："默存先生依然严守着前一时代中国诗礼传家的风范，十分讲究礼数。他回北京不久便用他那遒美的行书写来一封客气的谢函。"（汤晏：《一代才子钱锺书》第207页，上海人民出版社2005年5月版）

"中国诗礼传家的风范"，大概就是我说的"老派"吧？

二

黄永玉，大烟袋一抽，眼睛一瞥，一牛人也。但读他那本《比我老的老头》，记林风眠、钱锺书、许麟庐、李可染等诸师友，文字中透满真诚与心折，毫无狂人的姿态。其中谈到林风眠先生——"跟林先生认识的时间不算短了"，"情感联系更长"，但却"来往并不多"，因为"我自爱，也懂事：一位素受尊敬的大师的晚年艺术生涯，是需要更多自己的空间和时间，勉强造访，徒增老人情感不必要的涟漪，似乎有点残忍。来了香港三年多，一次也没有拜访他老人家，倒是一些请客的场合有机会和他见面"。黄先生的这个自夸并不过分，老一辈人的交往重情分，重分寸。而林先生也不拘这些礼俗，似乎不来拜拜“码头”就不高兴，他对这个晚辈的看重是以另外一种形式表现出来。黄永玉写道：“前年我在大会堂的个人画展，忽然得到他与冯小姐的光临，使我觉得珍贵。”（黄永玉：《离梦踯躅——悼念风眠先生》，《比我老的老头》第55页，作家出版社2003年7月版）这个“忽然”说明黄先生没有想打扰老人的意思，是老人主动要来的。林风眠到场，这是什么样的分量，这是对一个晚辈多大的鼓励！

此文中，还写到这样的事情：

> 记得五十年代林风眠先生在北京帅府园中国美术家协会开个人画展时，李苦禅、李可染先生每天忙不迭地到会场去“值班服务”。晚辈们不明白这是什么道理。
>
> 可染、苦禅两位先生高兴地介绍说：
>
> “我们是林风眠老师真正的学生！”
>
> 老一辈人都有一种真诚的尊师重道的风气。（同前，第76页）

难怪，大师教出来的还是大师，他们的“格”就不一样。

三

章培恒和骆玉明先生主编的《中国文学史新著》去年印出来了，拿到这三大卷书时，我感叹章培恒先生的执著和为它付出的大量心血。读序言的时候，又为这样一段话而感动：

在复旦版《中国文学史》的编写过程中和出版以后，当时担任复旦大学校长的杨福家院士给予我们许多鼓励和支持。……特在此次增订本出版之际表示我们的敬意和谢忱。——这些话原应写入《中国文学史新著》的原《序》，但其时杨福家院士仍担任着复旦大学的校长，为了避免奉承领导之嫌，所以留到了现在。(《中国文学史新著》第3页，复旦大学出版社2007年9月版)

这也是老派作风吧，滴水之恩，不忘言谢，又决不做那有违君子之风、溜须拍马的事情。

在老文科楼的时候，经常会在走廊或电梯里撞见头发花白的章先生，他总是一副不苟言笑的样子。背后我也听过很多说他“认真”的故事，学生们见了他跟他打招呼，他不论是否记得你是谁，总是一脸谦和，慌忙还礼。看着他走出电梯的身影，我常常感念不已，这样的人融在人群中普通得你都分不出来，但他们的身上终究有着别样的魅力。

2008年6月25日晚

它比随波逐流好（老派之三）

一

《傅雷家书》在20世纪80年代成为畅销书是有多方面原因的，比如对于傅雷的敬佩，对其命运的关注。当然，还有一个重要原因是对于子女教育问题的重视。如果统计一下有多少户人家的孩子在弹钢琴、拉小提琴就明白了，再看看《中国钢琴梦》之类的书，更觉一把辛酸泪。几十年过去，事情在默默地发生变化。如今，已经成为中学生必读书的《傅雷家书》，它的读者都集中在中学生身上，本该好好读一读的家长，反倒退出。《傅雷家书》阅读的背后，隐含着一种教育观念的成型，即大家更在乎对于人的技术性培养，专业、技能、名校等等，再说白一点，学习成绩大于一切，有了成绩就一俊遮百丑。而对于“人”本身的成长、人文素养的教育不能说没有，而是要么同样功利化、技术化，要么基本上是空洞的教训。

傅雷先生和夫人当然不会想到，他们写给孩子的这些家庭信件有朝一日会成为公共读物。我想，如果他们知道对子女的教育唯技术化的倾向至此地步——仿佛学钢琴就是为了考级——会不会更加伤心呢？1956 年底，傅雷应邀写过一篇《傅聪的成长》，谈孩子的教育问题，他开宗明义而且无比明确地谈到“知识与技术的传授”不应当大于“人格教育”，他的三点经验，至今读来，仍然有让人醍醐灌顶之感：

> 第一，把人格教育看作主要，把知识与技术的传授看作次要。童年时代与少年时代的教育重点，应当在伦理与道德方面，不能允许任何一桩生活琐事违反理性和最广义的做人之道；一切都以明辨是非，坚持真理，拥护正义，爱憎分明，守公德，守纪律，诚实不欺，质朴无华，勤劳耐苦为原则。
>
> 第二，把艺术教育只当作全面教育的一部分。让孩子学艺术，并不一定要他成为艺术家。尽管傅聪很早学钢琴，我却始终准备他更弦易辙，按照发展情况而随时改行的。
>
> 第三，即以音乐教育而论，也决不能仅仅培养音乐一门，正如学画的不能单注意绘画，学雕塑学戏剧的，不能只注意雕塑与戏剧一样，需要以全面的文学艺术修养为基础。（傅雷：《傅聪的成长》，《傅雷著译全书》第 452—453 页，上海远东出版社 2018 年 3 月版）

这三条一定会让聪明、精明的家长大惊失色、大跌眼镜。人格？凭人格能进常春藤名校吗，能进世界五百强吗，能买到车子、房子吗？人格是什么？谁看得见摸得着？看不见摸不着的，就是不可靠，是海市蜃楼，任你讲得天花乱坠也白搭。在一个无比崇尚实利的时代中，成绩、文凭、年薪，这些才是说话的底气……

二

1982年，复旦大学教授贾植芳读《傅雷家书》后，在日记中写下这样一段话：

> 读《傅雷家书》，不仅文章好，也很真诚。他关于中西文化传统精神的异同的论述，颇有所见，中国知识分子不同于西方知识分子之处，在于中国知识分子对人生的认识和态度是取“超脱”观点，西方知识分子却缺少这种精神传统。我想这种精神要求正是长期的封建专制政治下的产物，人远不能正确地认识自己的价值和尊严的结果，因此，“超脱”“潇洒”，这些中国知识分子的精神状态的形容词外国人不会懂，也不能理解——这种精神状态也许是中国社会长期陷于停滞状态的一种因素，它们其实就是“苟全性命”的雅说而已。傅雷的书关于艺术和做人的许多见解，对今天的青年是有益的，我们这些年来只教育青

年人做“齿轮”“螺丝钉”（或如六十年代称之为“驯服工具”），就是不准教育青年人如何做人。因此听说这本书颇为风行，是热销书，这是可喜现象，恢复人的价值与尊严，应该是拨乱反正的一项重要内容。（贾植芳 1982 年 8 月 7 日日记，《贾植芳全集》第 6 卷第 255 页，北岳文艺出版社 2020 年 1 月版）

这是近四十年前的感叹，刚从特殊年代中走出来的贾植芳特别提到青年人教育问题，一针见血指出教育年轻人做“工具”而不教“做人”的问题，他一下子就点出了《傅雷家书》的价值所在。教做人，我认为，《傅雷家书》的这种价值在今天仍然需要强调而且特别有意义。不然，我们的孩子也有沦为“工具”的危险。在现代社会中，“人”不知不觉沦为某种工具，这也是西方思想家屡屡提出警告的事情。《现代性与大屠杀》的作者齐格蒙·鲍曼甚至提出更令人触目惊心的问题：“大屠杀使得所有被记住和承袭下来的邪恶形象都相形见绌正由于此，大屠杀颠倒了罪恶行径以往的所有解释。它突然昭示，人类记忆中最耸人听闻的罪恶不是源自于秩序的涣散，而是源自完美无缺、无可指责且未受挑战的秩序的统治。它并非一群肆无忌惮、不受管束的乌合之众所为，而是由身披制服、循规蹈矩、惟命是从，并对指令的精神和用语细致有加的人所为。我们知道，无论在何时这些人一脱掉他们的军装，就与罪恶无涉。他们的行为跟我们所有的人极其相似。他们有爱妻，有娇惯的子女，有陷入悲伤而得到他们帮助与劝慰的朋友。可难以置信的是，这些人一旦穿上制服，就用子弹、毒气杀害成千上万的其他人，或者主持这项工作。被害者也包括为他人爱妻的女人和为他人爱子的幼童。这是令人胆寒的。像你我这样的普通人怎么能下得了手？”（［英］齐格蒙·鲍曼：《现代性与大屠杀》第 199 页，译林出版社 2011 年 1 月版）“罪恶不是源自于秩序的涣散，而是源自完美无缺、无可指责且未受挑战的秩序的统治”，那么这种“统治”是怎么完成的呢？肯定是通过一个个具体的人来实现的，鲍曼的研究提醒我们：科学的理性计算精神，技术的道德中立地位，社会管理的工程化趋势，正是现代性的这些本质要素，使得大屠杀惨剧成为各方密切合作的集体行动。——“教育”，只知道技术化的教育，在其中占有多少比重呢，这是我们不能不面对的问题。我们今天不是有很多“乖孩子”吗，他们明天会执行什么任务呢？这个问题不敢多想。

楼适夷曾评价《傅雷家书》：“这是一部最好的艺术学徒修养读物，这也是一部充满着父爱的苦心孤诣、呕心沥血的教子篇。”（楼适夷：《读家书，想傅雷》，金圣华主编：《江声浩荡话傅雷》第 96 页，当代世界出版社 2006 年 10 月版）

很多人恰恰是因为这个爱上这部书，觉得傅雷对于文学、美术、音乐等的见识让人受益匪浅。而文学艺术或许能够带领人走出那个“现代性与大屠杀”之间，因为它们能够造就美好的梦想、美丽的心灵。然而，我想说，这必须有一个前提，那就是文学艺术仍然“葆真”，葆有它的新鲜的活力、本质的善良，而不是它们被技术化、知识化，成为现代性大厦的一块砖瓦或者它们的保安。而今培训班里训练的艺术，难道不是技术化产品吗？那些供考试而背诵出来的文学知识，不同样是与心灵毫无关系的工业零件吗？现代性的陷阱在我们生活中无处不在、防不胜防。《傅雷家书》也不是万能灵药，有时候我想，除去傅雷先生的影响不论，倘若他的儿子傅聪不是那么优秀、不是获得了世俗意义上的成功，《傅雷家书》还会如此轰动吗？我们现在是倒因为果地肯定这部书的，因为傅聪的成功，证明了这部书的价值，进而引起那么大的关注——这是一个逻辑的链条。试问，如果傅聪不成功，傅雷在家书里阐述的那些见解就没有道理了吗？

三

读《傅雷家书》，我多少有些不满意一些人从中只识其大，不读其小。人们是不是太看重它的“谈艺录”的功能了呢？包括傅聪本人。我读到过他与金圣华这样一段对话：

> 金：例如教你怎么为人处事，怎么签名，弹琴时身体不可摇动，围巾应该怎么摆放等等。
>
> 聪：这些东西对我来说，完全不重要！这是由于我父亲的背景教养遗留下来的，就像他说话的样子、走路的姿势一般，改不了的！我们在艺术天地中对学问的追求与交流，才真是《家书》的精髓！很多时候，我担心不少人看《家书》，只看到枝节，看到皮毛，斤斤计较，进不了这个境界。
>
> 金：对啊！不少批评是很皮毛的，在外围团团转。你父亲的精神领域那么辽阔，那么深远，可是到了晚年，因为环境的关系，他无法再拓展视野，只好把魂魄都寄托在你的身上。你是他的眼睛，你是他的耳朵。
>
> 聪：对对！就是这样。（**金圣华：《父亲是我的一面镜子——傅聪心中的傅雷》，《江声浩荡话傅雷》第 47 页，当代世界出版社 2006 年 10 月版**）

艺术，学问，追求……这些“大”对一个艺术家成长当然是最好的营养，但是，如何做人、如何生活，哪怕是这里的细节小事，也是一个人或艺术家成长的空气啊，它们绝不是“皮毛”。它们与“对学问的追求与交流”同等重要，在塑造“人”的方面甚至更具体、更切实。傅聪，说这话的时已经年近花甲，我读到后不禁悲从中来，他似乎到花甲之年都没有理解父亲的一片苦心。只把谈论艺术看成对自己“有用”，这是另外一种功利主义，它和金钱至上大同小异。而傅雷则是让孩子成为一个健全的人，一个卓越的人。可悲的是，这些完全被抛在一边。说实话，读《傅雷家书》最感动我的，恰恰是一个父亲事无巨细地对儿子的叮嘱，他“啰嗦”，可是一片苦心又全在于此。

四

真的是细枝末节、婆婆妈妈，比如一件非常小的事情，如何写信封，贴邮票，傅雷都一丝不苟地写在信上：“还有一件要紧的小事情：信封上的字别太大，把整个封面都占满了；两次来信，一封是路名被邮票掩去一部分，一封是我的姓名被贴去一只角。因为信封上实在没有地方可贴邮票了。你看看我给你的信封上的字，就可知道怎样才合式。”（傅雷 1954 年 9 月 4 日致傅聪信，《傅雷著译全书》第 24 卷第 76 页）可能会有人羡慕傅聪有个博古通今的爸爸，这样的爸爸教他写信怎么贴邮票，还说是“要紧的小事情”，你要笑吗？这些任何爸爸都会的吧，不需要博古通今，然而，他教给孩子的是“怎样才合式”，这个教育未必是每家的孩子都有的吧？生活里的很多事情，“合式”不“合式”，都不影响穿衣吃饭，更不影响你成就伟大事业，可是知道什么不“合式”，讲究这个“合式”，正是人格修养中不可或缺的一部分。接下来，行为举止的礼仪也来了，连“围巾必须和大衣一同脱在衣帽间”，傅雷都叮嘱得十分仔细：

我忙得很，只能和你谈几桩重要的事。

你素来有两个习惯：一是到别人家里，进了屋子，脱了大衣，却留着丝围巾；二是常常把手插在上衣口袋里，或是裤袋里。这两件都不合西洋的礼貌。围巾必须和大衣一同脱在衣帽间，不穿大衣时，也要除去围巾。手插在上衣袋里比插在裤袋里更无礼貌，切忌切忌！何况还要使衣服走样，你所来往的圈子特别是有教育的圈子，一举一动务须特别留意。对客气的人，或是师长，或是老年人，说话时手要垂直，人要立直。你这种规矩成了习惯，一辈子都有好处。

在饭桌上，两手不拿刀叉时，也要平放在桌面上，不能放在桌下，搁在自己腿上或膝盖上。你只要留心别的有教养的青年就可知道。刀叉尤其不要掉在盘下，叮叮当当的！

出台行礼或谢幕，面部表情要温和，切勿像过去那样太严肃。这与群众情绪大有关系，应及时注意。只要不急，心里放平静些，表情自然会和缓。（傅雷 1954 年 8 月 16

日致傅聪信，同前，第 74 页）

所有这些事情，在傅雷的眼睛里都是“重要的事”。这些事情，有人叮嘱过孩子吗？待人接物，更是傅雷夫妇最为操心的事情，傅聪少年得志，职业又使他成为公众人物，与人交往的礼仪和行为举止，傅雷夫妇总是千叮咛万嘱咐，生怕给人以“骄傲”的印象。家书中有好多督促孩子写信的叮嘱、催促，傅聪练琴比较忙，年轻人好动，哪能像老先生那样安安稳稳地坐在那里写信，而在傅雷眼里，写信是对人的尊重，是传情达意的重要方式，是与朋友和长辈沟通情感的媒介，他甚至连信上怎么表达谢意的话都替孩子想好了：

> 罗忠镕和李凌都有回信来，你的行李因大水为灾，货车停开，故耽误了。你不必再去信向他们提。我认为你也应该写信给李凌报告一些情形，当然口气要缓和。人家说你好的时候，你不妨先写上“承蒙他们谬许”“承他们夸奖”一类的套语。李是团体的负责人，你每隔一个月或一个半月都应该写信；信末还应该附一笔，“请代向周团长致敬”。这是你的责任，切不能马虎。信不妨写得简略，但要多报告一些事实。切不可二三月不写信给李凌——你不能忘了团体对你的好意与帮助，要表示你不忘记，除了不时写信没有第二个办法。

你记住一句话：青年人最容易给人一个“忘恩负义”的印象。其实他是眼睛望着前面，饥渴一般的忙着吸收新东西，并不一定是“忘恩负义”；但懂得这心理的人很少；你千万不要让人误会。（**傅雷1954年8月11日致傅聪信，同前，第70页**）

马先生有信来，告诉我们已把《苏加诺藏画集》二大册寄给你，还多余二百多元。并知道你还没有给他去信，问我们是否接到你的信，要我们把你近况告诉他，以免他悬念。可知你太糊涂了，马先生一家待你多好，像自己的儿子一般，你怎么不一回到华沙马上去信道谢，在礼貌上也说不过去。我记得你走前曾讲过，以后要跟马先生多通通信，所以我们想不用叮咛再三了，这一些小节你是应该知道的，你虽然忙，可是这个信百忙中也得写。不知你最近是否已去信？千万不可懒笔，马先生他们跟我们一样关心你呀。（**朱梅馥1956年11月7日致傅聪信，同前，第302页**）

这等于是手把手在教孩子。而今，我们的父母是不是会认为，让孩子到处写信是在浪费学习时间呢？我听说有的家庭，只要孩子在学习了，就如临大敌。电视不能看，全家人甚至连讲话都禁止，难道只有那考试内容才值得学习，生活中的其他事情就不需要学习了吗？

傅雷在信中提醒孩子不要给人以“忘恩负义”的印象，无心之过，善良、直率的人常常不以为意，然而，它也会对人造成伤害，引起更大的误会，对长辈如此，对好朋友也一样：

恩德那里无论如何忙也得写封信去。自己责备自己而没有行动表现，我是最不赞成的。这是做人的基本作风，不仅对某人某事而已，我以前常和你说的，只有事实才能证明你的心意，只有行动才能表明你的心迹。待朋友不能如此马虎。生性并非“薄情”的人，在行动上做得跟“薄情”一样，是最冤枉的，犯不着的。正如一个并不调皮的人要调皮而结果反吃亏，一个道理。**（傅雷1954年4月7日致傅聪信，同前，第45页）**

说到骄傲，我细细分析之下，觉得你对人不够圆通固然是一个原因，人家见了你有自卑感也是一个原因；而你有时说话太直更是一个主要原因。例如你初见恩德，听了她弹琴，你说她简直不知所云。这说话方式当然有问题。倘能细细分析她的毛病，而不先用大帽子当头一压，听的人不是更好受些吗？有一夜快十点多了，你还要练琴，她劝你明天再练，你回答说：像你那样，我还会有成绩吗？对待人家的好意，用反批评的办法，自然不行。妈妈要你加衣，要你吃肉，你也常用这一类口吻。你惯了，不觉得；但恩德究不是亲姐妹，便是亲姐妹，有时也吃不消。这些毛病，我自己也常犯，但愿与你共勉之！从这些小事情上推而广之，你我无意之间伤害人的事一定不大少，也难怪别人都说我们骄傲了。我平心静气思索以后，有此感想，不知你以为如何？（傅雷1956年10月11日致傅聪信，同前，第300页）

“恩德”指牛恩德，是傅聪青年时的琴友，傅聪出国后，她常去探望傅雷夫妇，傅雷夫妇认她做干女儿。所谓知子莫若父，父亲和儿子的脾性也有相通的地方，傅雷分析傅聪在与恩德交往过程中的问题时，是拿自己做例子的，“这些毛病，我自己也常犯，但愿与你共勉之”！书信中，不仅能看出父亲对儿子的教导，也有父亲时时的自省，这大约也是“吾日三省吾身”的儒家传统在一个人身上的体现吧。或者说，无论中西，那种人文的素养、个人的修为，都是作为“文明”的内涵，都是“人”的规范。

五

一位朋友，读黄永玉先生的自传体小说《无愁河的浪荡汉子·朱雀城》（人民文学出版社2013年出版），写文章谈黄永玉的“家教”。小说的这一部分讲的都是张序子的童年生活，这位朋友注意到里面写了很多“家教”细节：喝汤吃饭不能有声音，不要说空话，莫拿人的闪失笑谈……

朋友感叹道：

> 不要小看这种小地方。
>
> 这种日常小事的要求，有它的厉害。有点让人想起“戒行”。佛经里说，持戒的人会像穿铠甲，有庄严相，能自我保护。黄永玉一生经历的苦难日子那么多，是什么在保护他呢？难说不是这种小地方的“持戒修行”！
>
> 湘西是有“死亡当作诞生，人头代替筹码；一句话就是百世承诺，几梭子了结一世英名”这样壮烈英奇的名声的，只是，若着意渲染这种“风情”，也容易形成一种抽象；“无愁河”让人看到每天的日子，亲人间的颜色，黄永玉的“奇”有了“正”的骨子，“奇”才不会成为一种表演性的生命姿态，能看到里面的踏实、正派、真性情……中国人上千年的家教。（**周毅：《人情中间，不留痕迹最好——黄永玉的“家教”》，《沿着无愁河到凤凰》第134—135页，中信出版社2015年9月版**）

“大道理”也是有的，文中引过，张序子的太婆说：“我们家不买田，买田造孽！一块砚田足够了。”爷爷对序子说：“学堂那些书读下去是有用的，像盖房子砌墙脚。”但砌墙脚不等于盖房子。“盖房子要靠以后不停读课外的书。”“有的读书人蠢，一辈子砌墙脚，一间房子都没有盖成。”“学堂读书，用不着天天想考第一。很费力，没哪样用，过得去就行。——这点道理爷爷讲的跟学堂不一样，爷爷是对的。你记得住吗？”爸爸跟他这样说：“你听我讲，不管你以后长大成人是穷是富，当不当名人专家，多懂点稀奇古怪的知识还是占便宜的，起码是个快活人；不会一哄而起只读一本书，个个变成蠢人。”——而事实上，小说里“这些大处的家教，在黄永玉一生中都能看到痕迹。”（同前，第 133 页）

这是黄氏家书，里面讲的很多道理跟《傅雷家书》是相通的，不能只想着学堂背书、考试，把自己变“蠢”，要做一个“快活人”，人是成长的根本，不然，长来长去，高大健壮，成了蠢人，成了怪兽，成了机器，那怎么能行？！对此，我们要觉醒，也要警醒。想傅雷那一辈人，他们都是那个时代得风气之先的人物，但是风气之先，并不等于轻浮地做水上的浮萍、浪尖的飞沫，做人有底线，有标准，有大节也有小节，他们因此才成为“人”中经典。

黄苗子如此写过：

> 我和郁风常常同傅雷争论一些社会和艺术方面的问题，由于他的固执，我们背地里开玩笑的叫他“老顽固”。

但有一次，郁风公然当着他面说他是“老顽固”，我正担心他一定要狂怒了，谁知他却坦然的、并且斩钉截铁地回答：“顽固至少是classic的，它比随波逐流好！”郁风一直欣赏“顽固至少是classic的”这句话，它是多么不平凡！（黄苗子：《读〈傅雷家书〉》，《江声浩荡话傅雷》第102页）

好一个不随波逐流，好一个classic，在老派人的心底，总有一块压舱石是不能随便移动的。

2020年5月30日晚

傻姑爷与真学者

不知什么时候开始流行起冰心“文笔太差”，似乎不应当再读了的论调。偏偏我在读书上从来不信邪，喜欢读什么就读什么，没有高雅到去分辨谁的文笔差不差的境界。所以在今年的三伏天照样读了不少冰心的文章，现在已经是秋凉季节，文章中提及的一些事情，我还是忘不了。那就是冰心写的《我的老伴——吴文藻（之一）》《我的老伴——吴文藻（之二）》两文中记下的吴文藻先生。这两篇冰心在丈夫去世后所写下的长文，追忆了他们在一起半个多世纪的岁月。太多太多的血和泪都被岁月过滤了，留下的是一个学者真实的一生，让我们对那一代知识分子的精神风貌有了非常具体、真切的认识。

印象最深的是吴文藻的“傻”，跟钱锺书身上的“痴气”有的一比。冰心在文章中这样回忆道：

> 抗战前在北京，有一天我们同到城里去看望

我父亲，我让他上街去给孩子买萨其马，孩子不会说萨其马，一般说“马”。因此他到了铺子里，也只会说买“马”。还有我要送我父亲一件双丝葛的夹袍面子。他到了“稻香村”点心店和“东升祥”布店，这两件东西的名字都说不出来。亏得那两间店铺的售货员，和我家都熟，都打电话来问。“东升祥”的店员问：“您要买一丈多的羽毛纱做什么？”我们都大笑起来，我就说：“他真是个傻姑爷！”父亲笑了，说：“这傻姑爷可不是我替你挑的！”我也只好认了。［冰心：《我的老伴——吴文藻（之二）》，《冰心文集》第6卷第302页，上海文艺出版社1993年12月版］

抗战全面爆发后，他们住在云南呈贡。一次，清华大学校长梅贻琦先生携夫人到家里度周末，不知怎么冰心想起旧事，遂找这个清华的校长“算账”，看看他是怎么教出这样的“书呆子”来。冰心做了一首宝塔诗：

马
香丁
羽毛纱
样样都差
傻姑爷到家
说起真是笑话
教育原来在清华

梅校长可不认账，笑着接写下面两句：

冰心女士眼力不佳
书呆子怎配得交际花

（同前，第 303 页）

在座的清华同学一下子都得意地笑了，冰心只好自认“作法自毙”。那诗里的“香丁”是怎么回事呢？也是有典故的：

> 还有一次是一个阳光灿烂的春天上午，我们都在楼前赏花，他母亲让我把他从书房里叫出来。他出来站在丁香树前目光茫然地又像应酬我似地问：“这是什么花？”我忍笑回答：“这是香丁。”他点了点头说：“呵，香丁。”大家听了都大笑起来。[**冰心：《我的老伴——吴文藻（之一）》，同前，第 299 页**]

不知从何时起，“书呆子”这个词儿成了文人学者的代名词，多数时候并非是表扬他们，而是讽刺他们不懂世事，不通人情常理，只知道读书。不知为什么，我倒觉得现在的文人学者除了不读书外，简直是无所不通，那机灵的劲头是绝不配以“书呆子”来侮辱他们的。从家装到股票、基金，从美国大选到官场秘闻，从同事婚姻到电影《色·戒》。可是，吴文藻他们的“呆”却也呆得可爱，他们天真，脱俗，专注于生命中的一件事情而不旁顾，从中能够看出学者求知求真的本色，诚朴而不做作的刚直人格。

这一点吴文藻在与冰心的最初交往中，便显露出来了。1923 年 8 月，他们同在赴美留学的船上：

> ……以后就倚在船栏上看海闲谈。我问他到美国想学什么？他说想学社会学。他也问我，我说我自然想学文学，想选修一些英国十九世纪诗人的功课。他就列举几本著名的英美评论家评论拜伦和雪莱的书，问我看过没有？我却都没有看过。他说："你如果不趁在国外的时间，多看一些课外的书，那么这次到美国就算是白来了！"他的这句话深深地刺痛了我！我从来还没有听见过这样的逆耳的忠言。我在出国前已经开始写作，诗集《繁星》和小说集《超人》都已经出版。这次在船上，经过介绍而认识的朋友，一般都是客气地说"久仰、久仰"，像他这样首次见面，就肯这样坦率地进言，使我悚然地把他作为我的第一个诤友、畏友！（同前，第 295 页）

看来这个傻里傻气不会用甜言蜜语讨好女生的人，还真有福气，他的诤言居然打动了这位女作家的芳心。"他是一个酷爱读书和买书的人，每逢他买到一本有关文学的书，自己看过就寄给我。我一收到书就赶紧看，看完就写信报告我的体会和心得，像看老师指定的参考书一样的认真。老师和我作课外谈话时，对于我课外阅读之广泛，感到惊奇，问我是谁给我的帮助？我告诉她，是我的一位中国朋友。她说：‘你的这位朋友是个很好的学者！’”（同前，第296页）冰心的这位老师也是一位有眼光的人！

冰心的文章中还提到一件事情，可见吴文藻的“呆”：1935至1936年吴文藻休假一年，夫妇俩到欧美转了一圈。多好的时光啊，可吴先生却没有陪太太游山玩水，他忙什么呢？“他在日本、美国、英国、法国，到处寻师访友，安排了好几个优秀学生的入学从师的问题。他在自传里提到说：‘我对于哪一个学生，去哪一个国家，哪一个学校，跟谁为师和吸收哪一派理论和方法等问题，都大体上作了具体的、有针对性的安排。’因此在这一年他仆仆于各国各大学之间的时候，我只是到处游山玩水，到了法国，他要重到英国的牛津和剑桥学习‘导师制’，我却自己在巴黎住了悠闲的一百天！”（同前，第300页）他就是这么休假的？就是这么把娇妻丢在一旁去忙他的“导师制”？！晚年他在九千多字的《自传》中，将自己从有生以来，进的什么学校，读的什么功课，从哪位教师受业，写的什么文章，交的什么朋友，然后是教的什么课程，培养的哪些学生都交代得一清二楚，唯独提到冰心的地方，只有两处：

何时相识，何时结婚，短短的几句！至于儿女们的出生年月和名字，竟是只字不提。他的学生写文章说："吴老曾感慨地说'我花在培养学生身上的精力和心思，比花在我自己儿女身上的多多了'。"［冰心：《我的老伴——吴文藻（之二）》，同前，第301页］是自豪，还是歉意？我读到这里却不由得对这样的"书呆子"生出了深深的敬意！有一些学者似乎什么都想得到，偏偏丢了最基本的学问和人格，而吴文藻那一辈人看似忽略了许多，可却也因此保留下了更多弥足珍贵的东西，这些东西不仅属于他们自己，也是知识分子熠熠生辉的精神传统的一部分。

2008年10月26日晚

文人的游戏

吟风弄月本是文人的雅事，千百年来也为文人自己所津津乐道，然而在如今却遭到强烈的心理反弹，文人们除了写学术论文个个在行，剩下的就变得一切向俗看了。诚然，一味高雅，未免呆板；但俗到粗俗却降低文人的品格。没有兴趣去做道德鉴定，我只是在文人们传播黄段子的盎然兴致中，在大半年来见面必谈《色·戒》而唯恐不谈就落伍了的表情中，感受到一种贫乏，精神风景的贫乏，难道除了这些就不能有点别的了吗？

这让我想起徐志摩主持《晨报副镌》时的“征译诗”。此事说得严肃点是切磋技艺、传播文化，说得切实点不过是文人的游戏，这种游戏在老文人中是吟诗联句，在新文人里却也有新玩法。比如徐志摩在1924年3月22日《晨报副镌》上刊登“征译诗启”，随便提出三四首短诗征求中译，目的是看一看怎样的中文形式能更好表达诗的原味。这个作法得到了赵景深等人的响应。或许出于同一目的，在当年11月7日的《副镌》上，徐志摩发表了《我默的一首诗》，文中谈到，胡适在他面前曾把我默的一首诗写出朗读一遍，“方才我一时手痒，也尝试了一个翻译”。这也引得其他人手痒，纷纷摩拳擦掌来译同一首诗。莪默·伽亚默（今译作：欧玛尔·海亚姆）是十一世纪波斯的大诗人，以薄薄的一册《鲁拜集》名世，据说该书的版本之多仅次于《圣经》。这本诗集在西方最有名的译本当属英国作家菲茨杰拉德的，在中国最有名的译者当属郭沫若。董桥曾在文章中说：“郭沫若的中译本《鲁拜集》译文也典雅，读起来却比不上十九世纪英国作家Edward Fitzgerald的意译玄远，难怪菲茨杰罗的译本成了英国文学名著，连大诗人艾略特都着迷，从小读到老，老了写信给朋友还在念叨……”（董桥：《画〈鲁拜集〉的人》，《今朝风日好》第41—42页，作家出版社2008年1月版）但我在网上一位未具名姓的朋友的文字中却读到了英译本的最初遭遇：

> 菲茨杰拉尔德（Fitzgerald）花了六年功夫，以半译、半编、半创作的方式，译出了70多首海亚姆的鲁拜体诗歌，可是怕惊动英国宗教权威，出版商始终迟疑不敢出版。菲茨杰拉尔德于是索回译稿，又加了几首更露骨的章节，于1859年3月匿名自费出版，只印了250册。他把其中

的200本委托给库利奇书坊销售。最初每本定价为5先令，一本也没有卖掉。书坊于是将其降价为4先令，再减为3先令、2先令，直到1先令，但三个月下来，还是无人问津。最后这一不朽的名著被抛进了店门口的废书堆里。……

后来是诗人罗塞蒂无意间发现了这本小书，立即被吸引并代为传播，人们争相购买，“这部译作的身价扶摇直上，到1889年已卖到20先令；1905年时售超过6英镑，如今恐怕花上100英镑也难以买到了。此书的走红，在西方刮起了一股欧玛尔热，出现了专门的俱乐部，成员都在胸前插上红蔷薇为记。许多名家竞相为这本诗集作插图，出版的新版本不计其数。从售价为50美分的平装本到售价为200美元的精装本应有尽有。还派生出了由别人写的许多鲁拜体诗歌集子，内容也五花八门，令人眼花缭乱”（**同前引文**）。

我没有去统计，在中国究竟有多少人译过莪默的诗，反正那一阵子也有“莪默热”和他的崇拜者。译诗大约是最能显示出译者语言技艺的活计，所以很多人都愿意在此一较高下。

志摩诗人手痒译出的诗是这样的：

爱啊！假如你我能勾着运神谋反，
　　一把抓住了这整个儿“寒尘”（一）的世界，

我们还不趁机会把他完全捣烂——
再来按我们的心愿，改造他一个痛快？
（一）寒尘一作寒伧。

紧接着，天心在11月12日《副镌》上，发表《我也来凑个趣儿》，译作：

爱呵！你我若能与上帝[一]勾通，
把这个糊涂世界整个抓在掌中，
我们怕不一拳捶它粉碎，
依着你我的心怀，再造成整块？
（一）英文本大写Him。

他还附上郭沫若的译文：

呵，爱哟！我与你如能串通"他"时，
把这不幸的"物汇规模"和盘攫取，
怕你我不把它捣成粉碎——
从新又照着心愿抟拟！

次日，荷东又发表了《译莪默的一首诗》，分别用自由体和旧体译出：

爱呵！你我果能与运神合商（或叶韵改合作）
来执掌这支配万物的权，

我们岂不能将世界都打碎（或叶韵改打破）
改造成合我们心意的一种变迁。

旧体译：

噫气长吁叹
爱神汝来前；
果能参造化，
执此万类权，
摧枯如碎粉
新观逐物迁，
一一随意旨
讵不心豁然？

他还在文中对各家翻译进行了评述，“胡先生的译文，是意译的，有赵松雪合管夫人‘塑泥人’的小词的意味。徐先生的译文，是直译，比较上能够见著作者的原意，但是‘趁机会’等字仍旧是多添出来的”，“我觉得用旧式诗译的较为有味”。

谈诗论道向来是中国文人的雅事，徐志摩主持的《晨副》好像是一个活跃的文艺沙龙，像这类的雅事并不少。文人总该有几件属于他自己的雅事，坐下来尽是股票、桑拿，未免似煮鹤焚琴，并不是说谈诗就高尚，但至少它显示了文人内心中别样的风景，相比而下，如今的文人总是欠缺了点什么似的。

2008年1月27日改1998年10月5日旧作

麻将那些事儿

好多年前，读胡适的传记，印象最深的一件事是：20世纪50年代初，胡适流落美国，找了个大学图书馆工作的闲差，在外没有办公室，在家又没有独立的书房。偏偏他太太江冬秀爱打麻将，呼朋唤友人一帮，三缺一时，老胡就是那个补缺的。虎落平阳，不要说做学问写文章了，堂堂大学者整天泡在这样的氛围中，精神都要出毛病了。

后来读到唐德刚的《胡适杂忆》，知道胡适纽约这段公寓生活，多半出自唐的记述。“那时胡伯母在纽约打起麻将来是日以继夜的。胡先生不但没有阻止她而且有时也加入作战。原因是，一位中国老太太困居纽约，言语不通，又无人经常代为开车访友，麻将实在是唯一的消遣。”（唐德刚：《胡适杂忆》第38页，广西师大出版社2015年2月第2版）无聊才打麻将，胡夫子顺着老婆意也是有苦难言，唐德刚把胡适的这段生活称作“灰暗的岁月”，也不无道理。

胡太太不只是在纽约，在什么地方牌瘾都很大，胡适对太太也只能身体力行“容忍”与“自由”。夏志清在为唐书作序就引用过胡适的秘书王志维《记胡适之先生去世前的谈话片段》（原刊1977年2月24日《联合副刊》），说的是胡适去世前两天，为了方便太太打麻将，要秘书帮忙另外买房的事情：

> 我太太打麻将的朋友多，这里是台湾大学的宿舍，南港我住的也是公家宿舍，傅孟真先生给“中央研究院”留下来的好传统，不准在宿舍打牌。今天我找你来，是要你在我出国期间，在和平东路温州街附近，帮我买一所房子，给我太太住。

买屋打麻将，这可不是一般段位的人能做的事。

若要评选我们的“国粹”，麻将一定榜上有名。地不分南北，人不分老幼，垒起长城来都精神百倍。不过，胡适乃是新文化的“鼻祖”，他会怎么看这种“国粹”？在巴金《激流三部曲》中，“打牌”那是老朽们的事情，很为“新青年”们所不齿。1933年，曾今可大搞“词的解放”运动，自己写了首《画堂春》：“一年开始日初长，客来慰我凄凉。偶然消遣本无妨，打打麻将。都且喝干杯中酒，国家事，管他娘。樽前犹幸有红妆，但不能狂！”被鲁迅等人好顿奚落。

不过，新文学作家中“打打麻将”的也大有人在。抗战时期，郑振铎隐居上海，心情苦闷，加上夫人也有此爱好，日记中常有打麻将的记录：“夜，雀战至一时许，倦甚。”（郑振铎1943年2月26日日记，《郑振铎全集》第17卷169页，花山文艺出版社1998年11月版）“车至高宅，渴欲午睡，未能得。与箴等雀战。”（郑振铎1943年3月9日日记，同前，第173页；箴，即为郑夫人高君箴）“二时，至张宅雀战，到夜十时半才散，负近二百金。‘劳民伤财’，以赌为甚，当立戒之也。今日又破戒抽烟矣，意志力之薄弱至此，奈何，奈何！”（郑振铎1943年3月11日日记，同前，第173页）日记里，类似“箴雀战至深夜始散”（郑振铎1943年4月30日日记，同前，第173页）的记录不止一处：“箴牌局犹未散。一时半许，箴始上楼来。心里极不痛快。”（郑振铎1943年6月12日日记，同前，第214页）生命不止，雀战不息。那段时间，大家心里都不痛快，无事可做，也只好以麻将消磨生命。郑振铎的日记中也常记夜里多梦，其中有一个梦是这样的：“夜梦箴外出未归，一怒而醒；余愤似犹填胸臆也。”（郑振铎1943年7月6日日记，同前，第230页）真是气得不轻，这是对打麻将不满的发泄吗？

2017年7月22日零点

文人的老婆

案头放着这样几本书：《许广平文集》（三卷，江苏文艺出版社1998年1月版）、《往事如烟——胡风沉冤录》（梅志著，河南人民出版社1997年11月版）、《胡风传》（梅志著，北京十月文艺出版社1998年1月版）、《我与萧乾》（文洁若著，广西教育出版社1992年版）、《王蒙——"放逐"新疆十六年》（方蕤著，东方出版社1995年10月版）。这都是妻子用深情的笔来描写她的丈夫或他们共同生活经历的书。或许跟人们的期待不大一样，这些回忆谈的并非是他们卿卿我我的甜蜜细节，而是携手共艰危的生活经历，是好一部中国现代知识分子的命运史。

由于特殊的亲缘关系，她们的书是我们了解那些文人必不可少的珍贵史料，尽管也有失记、误记，可是，如果研究鲁迅，我们难道能够轻易绕开《许广平文集》中收录的《永恒的纪念》《欣慰的纪念》《鲁迅回忆录》《回忆与怀念》这些著作吗？许广平自然是带着敬重的语调和深深的感情来叙述鲁迅的，但是她并未把鲁迅当作“神”，她的文字还是写出了日常生活中一个真实的人。王蒙的妻子方蕤的那本书，写出了王蒙在新疆十六年的生活经历和精神状态，熟悉王蒙的人可能都会明白这十六年对于他以后的创作究竟意味着什么。书中还透露出一些鲜为人知的细节：人们都称道王蒙的才思敏捷，可方蕤也见过他走麦城的时候，那是“文革”后期，王蒙写了一部名为《这边风景》的长篇，生活中的王蒙夹着尾巴做人，情绪低落，可在作品中却要激情昂扬，要按照“三突出”的原则来，最终费了九牛二虎之力，还是创作失败。

在日常生活中，这些妻子们无私地奉献，照顾丈夫的生活，慰藉丈夫的精神，甚至为此奉献一生。她们以柔弱的身躯遮风挡雨，为丈夫提供了一个安定的写作环境、饱满的精神状态，公平地讲，很多作品真应该署上这些为之付出的妻子的名字。在鲁迅与许广平的感情历程中，鲁迅有过彷徨、犹疑，是许广平的勇敢和鼓励，使得他终于敢于喊出：我可以爱！走到一起后，许广平照顾鲁迅的生活。作为新女性，她也一度有独立工作的想法，可是鲁迅面有难色地说：“你看，那样我们的生活又要改变了。”听到这话，她毅然决定牺牲自己，保证鲁迅的写作。据统计，鲁迅著译共五十余种，生命中后十年出版的不下四十种，占了五分之四，这与许广平努力为他创造的安定写作环境不无关系。鲁迅去世后，她为鲁迅著作的出版而奔走，为保护鲁迅的遗物而殚精竭虑。“文革”中，当她听说江青窃取鲁迅的手稿后，忧愤交加，心脏病突发而去世……一生系于鲁迅，让我深深地体会到鲁迅赠送给她的那首诗的分量：“十年携手共艰危，以沫相濡亦可哀。聊借画图怡倦眼，此中甘苦两心知。”

百年来，社会动荡，中国知识分子常常要接受特殊的命运。同他们生活在一起，不仅谈不上风光，甚至可能连基本的生活都保障不了。今天，许多艳羡大款的年轻人无论如何也想不到，哪怕为了一个安稳的家，一对夫妻可以平平静静在一起生活的家，许多人都奋斗了一辈子。梅志在回忆她与胡风一起生活的五十年时感慨万分，五十年在历史是一个短暂的瞬间，但在他们却是一段漫长、艰辛的历程。家之于普通人来说是温暖幸福的港湾，可对于他们却充满着颠沛流离的艰难：1933 年 12 月结婚后，他们过上了一段虽然清贫倒还安宁的生活。抗战爆发了，他们流落到武汉，寄居在朋友的家中，梅志要做人工流产，连医药费都拿不出。后来，他们回到胡风的老家，大家庭二十多口人在一起艰难过活。不能没有经济来源，只好又得考虑出来做事。胡风一度失业，靠稿费维生，物价飞涨，最困难的时候他们只得用红薯掺米煮粥度日。1941 年 6 月，他们来到香港，一家四口挤在十一二平方米的后楼内，房钱甚高，最后梅志不得不带着孩子回上海母亲家住。这就是动荡时代中他们漂泊不定的家。

终于守得云开见月明，胡风如释重负，在给妻子的信上写道："生活上一直都是由你操心，这次我一定要为你尽力，为你们安排一个舒适的住处。"他在北京买了房子，全家搬了过来。可是好景不长，胡风接连挨批，家中充满了不安与阴郁。1955年5月17日，因直言上书，胡风被捕，因帮忙抄写上书，梅志也入狱。从此，夫妻俩十年互相不知音信。梅志写到十年后他们的重逢："一直被全家尊敬的一家之主，现在被人押着站在我面前，我真想抱着他痛哭一场！"1965年底，胡风被放回家改造，不准一人随便远出，不准与生人说话，定期汇报思想，这种团聚到底意味着什么？后来夫妻俩被打发到四川。"文化大革命"开始了，胡风再次被带走，又是音信皆无、生死未卜，七年后，梅志才在监狱里见到胡风，与他共同生活在高墙之内，直至1979年获得自由。到1982年，他们才搬进一个像样的房子，才有了一个像样的家，而这时离胡风生命的终点只有三年了。

"做知识分子的老婆"，这个话题据说最初是由胡风而起。贾植芳在回忆中写道：

记得四六年我们俩初到上海，住在胡风家里。任敏那时还是个很幼稚的女青年，梅志教她如何照料家务，给了她许多的帮助。胡风也很喜欢任敏，常说她是个“小孩子”。冯雪峰经常走动的时候，也常逗任敏开玩笑。但胡风脾气不好，经常发脾气，任敏看他有些怕。一回，不知怎的说起胡先生为什么要这么凶，胡风对任敏意味深长地说：“你以为做知识分子的老婆容易？”胡风说这话并无心，任敏却记住了，常常向我说这句话。但在那个时候，无论胡风还是任敏，大约都不过是以为知识分子生活清苦，又不安分，在世界上总是不如意的事情居多，所以做妻子的格外辛劳，但他们都不会有这个思想准备，即做个正直的知识分子，在未来的社会里还有更大的不测与风险去承受。（贾植芳：《做知识分子的老婆》，《狱里狱外》第184页，天地图书有限公司2001年版）

女性在面对巨大压力的时候经常有着特殊的韧性，她们以这种韧性抵抗苦难，撑起一个家的一片天。梅志说，在那些漫长的日子里，她简直支持不下去了，可内心深处的声音在嘱咐她：胡风需要她的支持！胡风去世以后，她又奋笔疾书：“我想用我对他的回忆来恢复他那被歪曲了四分之一世纪的本来面目。这责任是严肃的，是义不容辞的。”这部厚厚的《胡风传》就是她心血的结晶。历史的沉重和苦难的深厚，我们暂且不说，读这书，单单是凄风苦雨的岁月中，他们那一份高贵的感情，就足以令人动容。

1983年，贾植芳看一个苏联电影，不禁想起涅克拉索夫的诗，他在日记中写道："中午与敏及昌东去艺术剧场看苏联电影，分上、下两集，演了四个钟头。剧本以'十二月党人'事件为题材，倒像涅克拉索夫的叙事诗《俄罗斯妇女》中的情节，主要写了'十二月党人'的妻子，去丈夫流放的西伯利亚劳改工地探问的故事。有一个妻子在劳改的矿洞内伏身吻丈夫脚上脚镣的场面，实在动人，它闪烁着俄罗斯妇女的高贵纯真的道德政治品质，很有概括意义。"（贾植芳1983年1月14日日记，《贾植芳全集》第6卷第318页，北岳文艺出版社2020年1月版）颠沛流离中，哪有多少物质享受；命运浮沉里，哪里顾得上甜言蜜语。可是，患难中支持着他们走出严冬的这份感情，又是人间最美好、最有分量的感情。这些伟大的女性啊！

1998年7月11日上午

2020年5月19日凌晨改定

马上结婚

黄晨是著名导演郑君里的夫人，也是老一辈电影人，这本《我和君里》（上海文化出版社2013年10月版）是她年近八十时（1993—1994）的口述回忆。书出版好几年了，虽然出版社也是上海的，但我居然是在北京的万圣书园买到，又背回上海。当初买它，主要是因为他们夫妇的家在离我单位非常近的武康大楼，这本书里有关于他们在那里生活的回忆。

书很薄，只有七八万字，却叙述了两个人的大半辈子生活。这书里描述当年的文艺青年的生活煞是有趣，他们热情，天真，率性，大方又坦诚，跟今天脸色苍白、拧巴拧巴的“文青”不是一个品种。像黄晨（那时叫黄祖榕）跟郑君里的结识，就是起源于在新亚喝茶，朋友起哄，说郑君里失恋，正好把她介绍给郑君里。就这么认识了，感觉越来越好。相处中，黄晨另外还有男友，有一次，郑君里发现那个男友“小金”向黄晨求婚的信，认为自己受骗了，闹着要自杀。

惹得包括江青在内的一批朋友，纷纷站出来打抱不平，大家这么一说，黄晨也急了。“我考虑再三，就对君里说：不要再什么小金、大金了！我们结婚！用事实来表明对你的爱，那总没有话说了吧。……我们马上准备！马上结婚！”（第28—29页）姑娘家里当然不同意，好，黄姑娘雷厉风行，拎着皮箱，带着一点衣服，说是要到上海工作，就这么结婚来了。这算“逃婚”，不过，郑君里可是明星，同事朋友来了一两百人，还有报社的记者，如此大张旗鼓地逃婚也让人服了。

郑大明星口袋瘪瘪，结婚都是贷款买家具、整房子。他的那些哥们儿也是穷光蛋，好在，大家过着的是“共产主义”生活：

那时，他们过着有饭大家吃、有钱大家花的生活。君里曾穷到一天只吃一顿饭的程度，什么饭呢？一个铜板一块大饼，再加上可以白喝的自来水。像袁牧之、唐纳这些艺术家，都是住在亭子间里，穷得只好睡棉花絮，连被面、被里都买不起。有时候穷得实在没办法，把东西送去典当换一点钱，夏天可以当冬天的衣服、被褥，冬天就没什么东西可当的了，那就谁有钱，大家就吃谁的，两毛钱买碗罗宋汤，这是他们经常过的日子。牧之经常没有饭吃，有个时期，他就住在我们家，不仅蹭饭，而且蹭住，我和君里睡在床上，牧之就在我们床边打地铺。当时我还怀着孕，有一天君里起床到楼下做什么事情去了，牧之睡在地上大概觉得不舒服，还是床上舒服，看君里一走，他就爬上来，躺在君里的那个位置上，呼呼大睡，这浪漫不浪漫啊？我一直把这件事当笑话来讲，君里也好像无所谓，因为那是信得过的朋友。（第 34—35 页）

这事，想起来，我也能笑一个礼拜。

那是他们的青春岁月。对了，今天的年轻人是不是已经不知道，这些人“都是唱什么歌的”？加个注吧。郑君里（1911—1969），执导的电影有《一江春水向东流》（与蔡楚生合作）、《乌鸦与麻雀》《林则徐》《聂耳》等。袁牧之（1909—1978），东北电影制片厂第一任厂长、文化部电影局第一任局长，主演过《桃李劫》《风云儿女》，编导过《都市风光》《马路天使》等……这些都是中国电影史上的光辉名字，可以证明他们并非荒唐的小文青。

2017 年 7 月 27 日零点

过关

“二十三，罗成关”，是民间一句俗话。《隋唐演义》中的小英雄罗成，是在二十三岁这一年死的，由此，人们把这一年当作男孩子的一个关坎儿。这种比附，自然经不起科学的检验，然而，也不能把它完全视为无稽之谈。作家老舍就有过感慨，认为“这句俗语确是值得注意的警告”。[老舍：《小型的复活（自传之一章）》，《老舍生活与创作自述》第 359 页，生活·读书·新知三联书店香港分店 1980 年 4 月版] 为什么这么说呢？这个年龄初入社会，精力无限，却又躁动不安。经济上独立了，头脑却未必独立，很容易随波逐流染上恶习。“钱是自己挣的，不花出去岂不心中闹得慌。吃烟喝酒，与穿上绸子裤褂，还都是小事；嫖嫖赌赌，才真够得上大人味儿。要是事情不得意呢，抑郁牢骚，此其时也，亦能损及健康。”（同前，第 360 页）

倘若浑浑噩噩尚不自知，虽然不可救药，然而，对于本人来讲，那种醉生梦死倒是享受。可是，人毕竟是有头脑的动物，不甘堕落却又管不住自己，这种情况更多。什么人生的道理、生活的真谛、奋进的话语，完全不必要讲，早就明白，不过沉湎其中难以自拔而已，惟其如此，才尤为痛苦，而痛苦也说不定又加快了堕落的速度。老舍以自己为例子，讲了他在“关”中的经历。那个时候，他是北京郊外北区劝学员，事情不多，薪水不低，月薪一百多块钱。当时小学校长的月薪是四十元，教师是二十五元，工役才六元，相比之下，劝学员拿的是高薪。当时的物价也低，十五个小铜子就能吃顿饱饭。每次拿到薪水，除了给母亲送去一点外，老舍的手里还有很宽裕的，所以难免嘚瑟了起来。“由家里出来，我总感到世界上非常的空寂，非掏出点钱去不能把自己快乐的与世界上的某个角落发生关系。于是我去看戏，逛公园，喝酒，买‘大喜’烟吃。”（同前，第 361 页）他也学会了打牌，而且屡败屡战，“明知有害，还要往下干，有一个人说‘再接着来’，谁便也舍不得走。在这时候，人好像已被那些小块块们给迷住，冷热饥饱都不去管，把一切卫生常识全抛在一边。越打越多吃烟喝茶，越输越往上撞火。鸡鸣了，手心发热，脑子发晕，可是谁也不肯不舍命陪君子”。（同前，第 362 页）

“明知有害，还要往下干”，直到受到惩罚，身体吃不消。

老舍大病一场，折腾好几个月，连头发都掉光了，这才刹住车。老舍是有头有脸的有为青年，可是要约束住自己真不容易。有些恶习，沾染容易，戒除实难，人对自己的“意志”千万别太自信。往往非要经过大波动，才会有大变化。我正在看董桥的《读书便佳》，作者引杨钧《草堂之灵》中所记书法家何绍基的故事：何绍基二十四岁时随父亲入都，“舟泊永州，舟中闲暇，究其所学，则茫然无所知。文安公大怒，笞掌二十，推之上岸，曰：‘不可使京中人知我有此子，以为吾羞。’贞翁潜归，闭户勤读，卒得翰林，且为名士”。（董桥：《杨钧说何》，《读书便佳》第123—124页，牛津大学出版社2017年版）在一种惯性中，非经一顿“棒喝”，难以惊醒梦中人。

2017年7月29日沉闷之午后

飞来飞去

沈从文有一段话，流传很广，经常被人引来解说他后来的处境：

> 从生活表面看来，我可以说“完全完了，垮了”。什么都说不上了。因为和一般旧日同行比较，不仅过去老友如丁玲，简直如天上人，即茅盾、郑振铎、巴金、老舍，都正是赫赫烜烜，十分活跃，出国飞来飞去，当成大宾。当时的我呢，天不亮即出门，在北新桥买个烤白薯暖手，坐电车到天安门时，门还不开，即坐下来看天空星月，开了门再进去。晚上回家，有时大雨，即披个破麻袋。我既从来不找他们，即顶头上司郑振铎也没找过，也无羡慕或自觉委屈处。（沈从文：《我为什么始终不离开历史博物馆》，《沈从文全集》第 27 卷第 247 页，北岳文艺出版社 2002 年版）

同样的话，他私下里说过多次，可见对“出国飞来飞去”耿耿于怀：“看看巴金等到处走动，真令人羡慕之至。”（沈从文1958年2月2日致沈云麓信，《沈从文全集》第20卷第230页）这是沈从文对大哥说的。他还说：“我何尝不知道朋友中如巴金、老舍、冰心等生活，过得比我从容，国内外可经常到处走去，照他们那么去生活，再来写点文章，估计效果也决不会比他们差。事实上如写些游记或短篇小说，也许还出色得多。”（沈从文1963年4月9日致龙潜信，《沈从文全集》第21卷第311—312页）朋友们在天上飞来飞去，让沈从文很失落也“羡慕之至”，是因为那个时代，出国基本上不是个人的事情，它是一种荣誉和政治待遇，这种机会只有少数人可以享有。

不过，这种“飞来飞去”“到处走去”的生活，并不等同于游山玩水。这在政治上无上荣光，日常中却是件苦差事。从巴金日记中能够看出，当时出访，少则半月十天的，多则一两个月，东奔西走，迎来送往，日程安排得都很紧密，这要占去年过半百的巴金很大的体力和精力。加上，当时国家外汇有限，出门更是能省则省，而不是现在想象的看西洋景儿。黄佐临就曾记下这样的趣事：

> 说起节省小费，我不由想起，一九五五年我和巴金去印度开亚洲国家会议，那里的小费，亦多如牛毛。如，进

门时，给你开门要小费；出门时，为你关门又要小费。我和巴金不得不商定，巴金要出门，我出其不意地为他开门；我要出门，巴金又赶紧为我开门，以节省一点小费。（《理发的故事》，《往事点滴》第 9 页，上海书店出版社 2006 年 9 月版）

这两位不愧是大师级人物，创新精神就值得学习。如果拍下来，怕是不输卓别林的喜剧吧。

有些出国，巴金也是很畏难，但这是任务，不得不接受。1954 年去苏联出席契诃夫逝世四十周年纪念大会，他给妻子的信上就左右为难：“我的行期已决定，十一日动身。据说第一日坐八小时，第二日坐十三小时，两天半到达。这次我一个人走，连翻译也不好带。因电报是打给我个人的，说一切费用连路费在内都由纪念会担负。不过作协已拍了电报请他们为我解决翻译问题。这次纪念会另外还请了老舍，他不能去，因此我更不能不去了。一个人去的确是个苦差使，而且得靠我这几句洋泾浜俄文。”（巴金 1954 年 7 月 8 日致萧珊信，《家书》第 177 页，浙江文艺出版社 1994 年 10 月版）7 月 16 日，在莫斯科写回的家信中，巴金说：“十三日晚九点半到莫斯科。坐了十几个钟头的飞机。人相当疲劳。这一天是我一生最长的一天……”（同前，第 178 页）

在1958年10月25日的出访日记中，巴金曾记道：“昨夜失眠，五点后被戈宝权叫醒，六点前去飞机站，七点半起飞，九点半前后到乌兰巴托，蒙古作协秘书长来欢迎并招待，十点起飞，一点三十五到北京。过蒙古后飞机颇摇较厉害，我略感不适。”（巴金：《出访日记》第113页，四川文艺出版社2019年1月版）长途跋涉的辛苦可见一斑。可是，辛苦只能日记中说一说吧，他在文章中却写道：“十月十九日早晨图一〇四喷气式客机载着我们离开塔什干的时候，我仍然有一种节日的情绪：我是多么兴奋，又那么快乐！”（巴金：《塔什干的节日》，《出访日记》第140页）那时候的飞机常常“颇摇较厉害”，坐起来并不舒服，文章里不能抱怨，他们还得心情愉快地接受这些“苦差事”。我想，这并非都是外在的命令，也是自我的要求，当时能够接受这样的任务，自然是莫大的荣光；同时，巴金和同时代的知识分子也会认为，这正是自己服务国家、服务人民的一个很重要的方式，而只有这样，自己才没有游离于社会之外，才是一个“有用的人”。

有时候，安全也是家人悬心的问题。1958年，郑振铎一行的飞机遭到特务破坏而失事，整个代表团成员都殉难。当时，巴金等人的另外一个代表团正在塔什干开会，也在国外。妻子萧珊在报上读到郑振铎飞机失事的消息，手都在颤抖：“昨天我读到郑振铎飞机失事的消息，当时我拿报纸的手都发抖了……飞机还是一种不可靠的交通工具，虽然这是意外事故，但一看到这意外事故，免不了为远行人担心。你好吗，亲爱的朋友？”连巴金的岳父都牵挂着：“父亲打电话来，希望你坐火车回国，自然这是过虑之举，但也是老年人对你的关心。”（萧珊 1958 年 10 月 21 日致巴金信，《家书》第 292—293 页）——在别人眼里，有些事情好像风光无限，然而，究竟是酸是苦，只有自己心里清楚。

2017 年 7 月 29 日凌晨一时于竹笑居

2020 年 5 月 29 日午后增补

自由的风吹暖我和一切

前一阵子，媒体在吵嚷着作家财富排行榜的事情，靠写作能够发家致富，除了证明这个时代的文明程度大大提高之外，一定会让一些人眼红，难免会放出一点酸溜溜的词儿，什么清贫出作家、寂寞出杰作之类的。这也难怪，在世人的头脑中，写作从来都不像是劳动，稿费简直就是捞外快。这个想法大概由来已久，尤其是作家体制化有固定收入后，稿费不但不是劳动光荣的证明，可能还是烫手的山芋。手头有一份 1958 年第 19 期《文艺报》，上面一篇文章的题目是《必须减低稿费和上演报酬》。真是今非昔比，现在的作家们拼命哭穷喊稿费低，可是当年的作家却要主动降稿费，他们傻吗，不知道钱好花吗？再一看文章的作者，竟是大名鼎鼎的曹禺先生！

不敢怠慢，认真拜读：

> 作家的稿费应当大大减低，已成了从事创作

的人们的普遍要求。作家应该是一个普通劳动者，他的生活与待遇和劳动人民的生活水平，不该有悬殊……稿费、名声、地位等等观念，只是妨碍作家向共产主义迈进的绊脚石。

在“大跃进”的气氛中，作家们是否“普遍要求”降低稿费不得而知，被“革命热情”所鼓舞昏了头倒是真的。降低稿费表面看来是不搞特殊化，与“劳动人民”平等，深究一下，不难看出轻视知识、轻视脑力劳动的社会风气。在当年，点灯熬油写文章，那是名利思想在作怪！在大喊要“以一天等于二十年的速度进军共产主义”的时代，连吃饭都要在公共食堂中，以示绝对“平均”，岂容作家们再多拿一份稿费？！于是曹禺这样的文章就应时而出了。

在文艺界三天两头的运动中，曹禺不知写了多少这样的表态文字，文字背后是一个文学天才被扭曲的灵魂。这个十九岁出手便震惊文坛的剧作家在后半生却哑了歌喉，有些人说他胆子小，也有人批评他爱热闹，这都是冲他艺术才华的浪费而言的。但细想一想，不胆小他又能做什么？萧军敢说敢做吧，他的创作不也空白了几十年？至于爱热闹，他夫人李玉茹的话道出了曹禺无法摆脱的矛盾：“曹禺是个闲不住、管不住自己的人，巴金先生说他‘好热闹’。确实，有许多事是他愿意做的，喜欢参加的。做了这些事，他的内心，又充满了矛盾、痛苦、悔恨等等等等。”（李玉茹：《写在曹禺日记前的几句话》，《没有说完的话》第3页，山东友谊出版社1998年12月版）曹禺曾经对女儿说过：“我是用社会活动来麻醉自己，我想写，写不出，痛苦，就用社会工作来充塞时间。”（万方：《灵魂的石头》，《收获》1997年第1期）

像曹禺这样聪明的人怎么会不明白自己的处境呢？尤其是经历过十年浩劫之后，所有的人都在奋力抢回失去的时光，他能不着急吗？在晚年他一次次对身边的人说：“我要写一个大东西才死，不然我不干。”（万方：《灵魂的石头》）他不乏雄心壮志，在日记中曾写道：“我立志要从七十一岁起写作二十年，到九十一岁搁笔。要练身体，集材料，有秩序，有写作时间。放弃社会活动……”（曹禺1981年2月22日日记，《没有说完的话》第6页）但是他的“天鹅之歌”终究没有唱出来。“一天到晚瞎敷衍，说点这个说点那个，就是浑蛋呗！没法子。”（万方：《灵魂的石头》）——这样骂自己的话他经常说，我相信曹禺的真诚，更能感觉到他灵魂的痛苦，灵魂被捆绑、失去了自由又无法恢复自由的痛苦。关于“敷衍”，还有一件事情让人哭笑不得：曹禺的老同学黄宗江去找他，他留黄在家吃饭。碰巧，下午的活动两人又见面了，他热情地对黄说："好久不见了，久违了！"真是想气死老同学。叙述这件事的孙浩然评价说："演戏演多了，总是做戏。"（田本相、刘一军：《苦闷的灵魂——曹禺访谈录》第222页，江苏教育出版社2001年1月版）其实，我倒看出了他的心不在焉。

批评曹禺做人"假"还有一个流传甚广的故事，那就是这位戏剧大师每次看完别人的戏剧，他的评价都是：真不易，真不易！李玉茹曾这样解释："这不是他的虚伪，是他发自内心的感慨。在他的日记中，以及在他日常谈话中，他常说'写戏太难了，太不容易了！'……曹禺对他人的劳动，无论是脑力劳动还是体力劳动，都决不轻易伤害。"（李玉茹：《〈没有说完的话〉后记》，《没有说完的话》第469页）我相信这个解释，曹禺曾经说过："万不能失去童心。"一个有童心的人说话不会太深思熟虑的，从曹禺的一则日记还可以看出他也不总是好好先生，但又怕伤害到别人：

> 看了《家》（上海戏剧学院），我又犯急躁病，感情用事，太不沉着，当面指责导演，并且当着许多领导！……虽然，后来在台上，着实表扬了导演（我看时，确实觉得导得真好！）和所有的演员等等，但想起自己的浮躁，还是不安。（曹禺1981年11月15日日记，同前，第37页）

没有一个人否认曹禺的天才和他的杰出成就，但也的确有很多人批评他后半生的种种，我想责任在谁呢？让一个作家去从事社会活动，处理人事关系，恐怕远远不能像他处理文字那么自如。骂自己几乎成了曹禺晚年的拿手好戏，不是在别人面前表演，而是夜深人静面对自己时的自责："我每见巴金，必有所得。我一向无思想，随风倒，上面说什么，便说什么，而且顺着嘴乱讲，不知真理在何处。"（曹禺1981年10月19日日记，同前，第32页）那么，风又是怎样刮起来的呢，又是怎么将一个天才弄得晕头转向呢？追问这些问题，理解他们的处境，似乎比随意骂骂他们更有价值。据说，曹禺有个小本子记着他回忆录的草稿，上面最后一句话是："当时，我整天担心随时被抓进去。"——你能想象陷入此境这是怎样的一种心理状态吗？在历史的巨浪中，一个作家算得了什么，他又能有多大的把握掌控命运的主动权呢？

晚年，曹禺常常说起《王佐断臂》的故事，他说："人明白了，也晚了，胳臂断了，人也残废了！"

晚年，曹禺曾写过这样的诗句：

我是人，不死的人，
阳光下有世界，自由的风吹暖了我和一切。

我站起来了，

因为我是阳光照着的自由人。

（曹禺：《魔》，同前，第 417 页）

2008 年 1 月 5 日晚改定

萧军的脾气

东北汉子萧军行伍出身，一身武功，脾气不好，这是出了名的。有人说纤弱的萧红就是被他打跑的，这是人家两个人的事，咱插不上嘴。但脾气不好、好打架，却在萧军一生中留下了很多传奇故事。

最有名的大概是跟张春桥（当时笔名狄克）一伙打架的故事。张春桥等人在报上写文章，讥讽萧军是鲁迅的孝子贤孙，惹恼了萧军，亲自上门下战表，约定时间、地点去决斗。张春桥带着朋友去迎战，这位朋友哪里是萧军的对手？三下两下便狼狈不堪，正不知如何是好的时候，租界的巡捕来查问了。聂绀弩机灵，赶紧上前：武术，这是中国人在练武术。张春桥们趁机开溜了。不知道多少年后，张高高在上的时候，萧军想起这次打架会不会有些后怕。

或许，天不怕地不怕恰恰就是萧军的性格。最近发表的萧军日记中记载着他在延安与警卫团战士吵架的事情，这不是怕不怕的问题，而是与“自己人”的冲突令他苦恼：

> 今天下午四时许，我去统战部合作社买东西，回来路经山坡下，山上警卫营的兵士向下扔石头，我质问他们不肯承认，反下来一个四川口音的兵和我纠缠不清，不肯放我走，我要去见他们长官，他也不许见，我要见毛主席他说我不配，我要见洛甫他不准我上去，我要和他打架他也不肯，这完全是一种无赖的行径。后来我把大衣和帽子全脱给他了，就和他们相持在那里。（萧军1940年9月7日日记，《新文学史料》1997年第3期，本篇以下引用的萧军日记刊出同此）

后来是吴伯箫来了，才替他解了围。这样的事情让他很不爽，以致考虑要马上离开延安。这是一个自由惯了的人，不愿意被供奉着失去自由，在日记中对于一个作家的独立性多有强调，他也批评一些人："下午去看舒群，五时和他一同来文协。路上，他讲昨夜欢迎这里的首长之类，一些可耻的笑话，这里开始制造'谄上'的传统……'当差'的风气在这里盛行，他们不是在革命，不是在工作，完全想把自己的地位造起来，而后慢慢地爬。这种新兴的官僚主义是革命前途一种暗影。"（萧军1940年8月15日日记）批评"这里的女人有一个普遍的倾向：势利、虚荣、向上爬……"（萧军1940年9月18日日记）"延安一些高级干部的女人，她们一嫁好丈夫，就丧掉了自己的人格，自己的工作岗位，随着丈夫‘光荣’去了！”（萧军1940年8月19日日记）或许萧军把革命想象得太完美了，才会有这种感觉。不管怎么样，很多人到了向往的延安，立即融化在它的圣辉之中，比如曾唱着小夜曲的何其芳到了延安便放声歌唱延安：“在青年们的嘴里，耳里，想象里，回忆里，延安像一只崇高的名曲的开端，响着洪亮的动人的音调。”“说到缺点我却还没有发见……”“错误在延安不能长成起来……”（何其芳：《我歌唱延安》，《何其芳文集》第2卷第174、178页，人民文学出版社1982年10月版）但萧军却始终保持着清醒和独立的意志，这个“我”始终盘踞在心中，不肯将它缩小，当然会给人高傲、脾气大的印象了。当然他为此也付出了代价。

不过，这种脾气发挥到家庭生活中，那就不大可爱了，日记中曾经记着他对妻子王德芬的“约法四章”：

①她不能有什么隐瞒我的事。

②她不能结交任何男友，即使和女同学在一起，也不能和男人在一起走。我对延安的男人们是不信任的。

③不能和S有任何什么交接，即使招呼也不许打。

④万一有什么想头应该通知我，不应该待我发觉，总之是在我的女人名义下是不应该有不自重或随便似的行为。

我不容许，不管别人是如何。（萧军1940年9月16日日记）

我敢说今天的小女生如果看到这个，不上吊也得马上找妇联。大概萧军自己也觉得有些过分，所以又写道："我知道，这条件是近乎苛刻的，但是她只要和我在一起，她就应该承认下，因为这是防范我们的未来。"——理由似乎很充分，但手段实在太粗鲁。

粗鲁，是的，没有办法，这样性格的另外一面可能是率真，执拗，宁折不屈，疾恶如仇……而在这些方面，萧军用他一生的行为证明了他不愧是鲁迅的弟子。所以这样的人，爱他也罢，恨他也罢，你都否认不了他是个有性情的大写的人。没有去找"文革"中萧军与革命小将们周旋的文字，倒是看到林斤澜先生的一篇短文，可见萧老头的脾气和性情：

> 老作家萧老，会武术，有传奇色彩。文化造反派开一卡车，兴冲冲到他家里去。一是抄点什么，再是揪人。
>
> 萧老上了卡车，向儿女们挥手，大声说道：
>
> "爸爸革命去了，孩子们，再见。"
>
> （林斤澜：《揪人》，《林斤澜文集》第4卷第173页，北京师范大学出版社2000年1月版）

2008年1月5日午夜

风雪人间说过年

风雪过后，年也过了。清净下来可以乱翻书了。

读古人写过年的诗，最好笑的恐怕是那些为博皇上一笑的“奉和”之作，写的都是一片祥云瑞气，可见以文字拍马作为文人的拿手好戏自古而然。谢庄的《和元日雪花应诏》说：“委霰下璇蕤，叠雪飞琼藻。”（本篇引用古人写“元日”的诗均出自蒲积中编：《古今岁时杂咏》，辽宁教育出版社 1998 年 3 月版，为行文简洁，以下均不再标注）雪下得这么美，要看在哪里看，在宫阙玉宇中与穷乡僻壤里感觉就大不一样。但过年说点吉祥话也属常理。“春光催柳色，日彩泛槐烟。”（虞世南：《奉和献岁宴宫臣》）真是“愿得常如此，年年物候新。”（卢照邻：《元日述怀》）白乐天“再把江南新岁酒”，还“被君推作少年人”，有点不甘老的味道，但苏东坡没有强装的欢颜，文字间常常掩不住那一丝愁绪：“白发苍颜谁肯记，晓来频嚏为何人。”（苏轼：《元日过丹阳明日立春寄鲁元翰》）“白发门生几人在，却将新句调儿童。”（苏轼：《和子由除夜元日省宿致斋三首》其三）在这年年岁岁花相似、岁岁年年人不同的新旧轮换时刻，别说文人墨客，就是平头百姓也不由得不追昔抚今。

年是中国人欢乐的时刻，但这个欢乐也能反衬落寂人的悲凉。1958 年的春节，北京多福巷丁玲、陈明夫妇的小四合院中就有着不一样的气氛：

> 一九五八年初，我和陈明过了一个十分寂寞而凄凉的春节。没有客人来，没有酒，也没有花。孩子们都在莫斯科念书，他们在做什么？在想什么？在他们受伤的心头，该紧贴着可怜的妈妈的相片吧。风暴总算过去了，可是人还在风雨中飘零。受惊了的、撕碎了的心魂日夜不宁；人该从梦中惊醒，但好像还在没完没了的噩梦之中。多福巷十六号小小的四合院冷落到只剩一个王姐还伴着我们，现在这里离“福”太远太远，一切可以令人高兴的思绪都已远远离去。我和陈明在繁华热闹、鞭炮齐鸣的北京城里，在摇曳的灯光下，度过了一个十分寂寞而凄凉的春节。（丁玲：《风雪人间》，《丁玲全集》第 10 卷第 113 页，河北人民出版社 2000 年版）

在这一段文字中，丁玲一连说了两次“十分寂寞而凄凉的春节”，可见这个春节给她的印象之深。他们刚刚经历了一场暴风骤雨，在等待着判决，等待着不可测的命运，这个时刻比任何尘埃落定的痛苦都难耐。昔日人来人往、热热闹闹的小院现在门可罗雀，只剩下一个老保姆陪伴着这对夫妇。丁玲曾写道：“没有来客，用不着有人听门。电话机如同虚设，等着机关派人来拆走。剩下几盆花，寂寂寞寞自个儿开着。”（同前，第 117 页）这是心境的写照，也是写实。沉寂的日子本也是人生的日常，痛苦的是曾经沧海，一种落差使他（她）无法平静地去咀嚼平常。谁还敢与他们来往啊，1955 年下半年起，丁玲已经不是那个风光的斯大林奖金获得者、《文艺报》的主编和中国作家协会的领导人，而成为“丁、陈反党小集团”的头头儿了。一次又一次的批判会，一次比一次升级，1957 年丁玲的申诉刚刚获得一点希望，又被无情地打压下去，《人民日报》在当年 8 月 7 日头版显著的位置刊登《文艺界反右斗争的重大进展，攻破丁玲、陈企霞反党集团》的消息，丁玲的处境可想而知。

丁玲以前的公务员夏更起是从河北老解放区农村出来的年轻人，跟随丁玲六七年了，很有感情，当丁玲跟他谈自己犯“错误”，希望他能够“一切要听党的，不要同情我们”的时候，“他什么都不说，只是一个劲儿哭泣，有两天眼睛都肿了”（同前，第 115—116 页）。在那段上下批判丁玲的日子里，“这以后他每天小心陪伴着我们，悄声地亲切地说话。再过一阵，我明白，他可能有了监视我们的任务，他不得不向组织上报告我们的一些行动”（同前，第 116 页）。而这些生活上的个人细节都成为批判大会上的重要材料。是愤怒，还是辛酸，抑或感慨？丁玲没有责怪这个年轻人，只能向机关提出不需要公务员，也让这个“忠厚朴实的年轻人”尽早解脱出来。

春节没过几天，陈明的“判决”来了：撤消级别，保留厂籍，下放到北大荒监督劳动；三天后去东郊双桥农场报到，候命出发。在那些被批判的日子里，这对夫妇“作了充分的精神准备，到最艰苦的地方去，下火海、上刀山，我们都无所畏惧”，但他们万万没有想到上面是要把他们分开，是“生离”，“我们一时都呆了，不知道该怎么办”（同前，第 114 页）。惩罚不仅对身体，夹带的精神打击恐怕令知识分子更难消受，还能怎么办？只能无条件执行。

> 在陈明准备出发的三天里，我们互相规定：“不流眼泪，不唉声叹气。振作精神，面对未来。”这真是“重新做人呀”！让新的生活早日开始吧，该怎么样，就怎么样，我们要顶住我们能顶住。我们将像青年时代投奔革命那样，蔑视这时加在身上的一切，傲然踩着为我们设置的荆棘、

刀尖昂首前进。让他们弹冠相庆吧，我们相许我们将信守共产党员的信仰、道德，开辟自己的新路，同心协力，相扶相助，在祖国北疆凛冽的寒气下共同呼吸。相爱的人儿呵！我们不忍分离，却又坚决分离。我们盼望重聚，而且坚信一定重聚。但何时才能重聚呢？（同前，第 114 页）

这个令他们刻骨铭心的春节，多年后丁玲在回忆录的开篇就写到它，这个回忆录的名字叫《风雪人间》。大概她无论如何也感受不出古代的大臣们“和光仿佛楼台晓，休气氛氲天地春”的诗境。古今多少事，尽付……也罢！还是让我们轻掩小卷，珍惜这平静的阅读时光，珍惜窗外的春光吧。那么宋祁的这样一首《甲申守首岁》诗倒不错：

故岁时光漏中去，新正甲子卷中开。
迎新送故只如此，且尽灯前蓝尾杯。

2008 年 2 月 17 日晚

革命化的春节

按照我们老家的习俗，直到二月二“龙抬头”年才算过了，现在还可以接着谈过年。这次是“革命化的春节”。这是特定年代的词儿，什么叫“革命化”，我辈没经历过没有发言权。好在有当时的文字，那就从中嗅一点“革命”的气息吧。

沈从文先生1967年2月2日写信给在四川自贡的儿子沈虎雏、儿媳张之佩说：“今年过年不放假，凡事照常，十分好。我们每天学习毛选和政策文件，劳动照常，天气过冷，室外打扫园子已不常进行，只收拾毛房。”（《沈从文全集》第22卷第28页，北岳文艺出版社2002年12月第1版）“革命”真的不是请客吃饭，而是要学习和工作。不过一代大文人沈从文的工作是什么呢？扫茅房！据说还是女厕所！忘了在哪里看到的，说沈先生曾严肃认真地说：组织上让我扫女厕所，这表明虽然在政治上不信任我，可是在道德上却绝对信任我……

沈从文的书信除了交流个人信息之外，还有大量对于社会状况的描述，无意中显露一位杰出小说家的本色。1967 年春节前后的情况，他在书信中也有描述：

> 全国各处都在搞夺权，北京自不例外。妈妈机关也在进行这个复杂工作，我们馆里也在搞，在过程中“保”字号且有忽然变得格外左的。是一种新的花招。争得相当激烈，还将有一个较长时期多次反复才会告一段落。妈妈办公处上月被外来单位占据，赶出到一民房办公。近日来那些外来人被加压力成为“不受欢迎”的，分别走了，机关才又迁回大楼。近来终日大小会连续开，权是夺了，如何行使，还是问题。……受“经济主义”来到北京的各种职工，已约百万人，近日在陆续返回。但新来的还是大有其人。不少人都带了几百元人民币，争购日用品，因此百货大楼三楼出售手表等特种物资的，已由红卫兵把守，不再出售，东安市场东西也多入库。且有用大卡车把这种捣乱分子连同所购东东西西游街示众的，实在大快人心。（沈从文 1967 年 2 月 2 日致沈虎雏、张之佩信，同前，第 27—28 页）

夺权，开会，串联，抢购物资……又过了一年，根据沈从文 1968 年 1 月 29 日给沈虎雏的信上描述，这种乱糟糟的情况照旧。大约来北京“闹革命”的人太多了，实在吃不消，现在开始实施清理政策：“一、限期（廿）各省市革命组织办事处联络站撤消，各回本单位闹革命。新来有事的，也有一定时间，过时不许住招待所或旅馆。二、搜查各招待所旅馆，扣收投机倒把抢购的物资和凶器等物。三、上山下乡青年返京的，限期返原单位。加之恢复了回乡探亲假，因此车站热闹得很。”（同前，第98页）这都是历史书里读不到的，是社会史和生活史的好材料。沈从文还写到各单位特别是文化单位批斗人，其中提到卞之琳："文化部门知名人中，似有部分解放后又重新被揪斗的，和派系斗争有关，此放彼即揪。卞诗人是否又揪入，不得而知，他自己似不免担着一份心的。”（同前，第99—100页）不过，这样的斗来斗去老百姓大概早就厌烦了，沈从文提到群众对报上文章“相当厌烦”，那些小册子也不吸引人了，“多数人忙着买东西过年”（同前，第99页）。看来，老百姓还是要生活，要过安稳日子。

文人有时候很天真，生活稍微安稳，沈从文就抒起情来，而且跃跃欲试想用文字表现点什么了：

> 天气很好，干冷、无风、而晴明。让我想起五十一年在内江乡下过的那个年，真有意思！我一生也忘不了。总觉得还要找个机会，来内江便民乡老式糖房住两个月就好。因为相去快廿年，乡村人事的变化和不变部分，只有我能

注意到，可能用文字保留得下来。（同前，第 98 页）

这个闲不住的人，闲得久了，心痒手也痒，又想写文章了，他认为自己身体如果过得去，“万一还用得上我长处时，也将无条件接受新任务”。下面的话很自负：“因为比起来，始终即比老舍、巴金、茅盾、冰心等等懂问题，懂人，懂如何用文字去表现。也懂什么叫通俗化！也许或居然有那么一天，再来写，再来教！也许还居然有机会，去什么农村跑跑住住。”（同前，第 100 页）——这不是在抄文件上的话和革命口号，这才是真正的沈从文，不肯认输，也很自负，无论什么环境中，他都想有所作为。

沈从文的“也许”在一年后就变成了现实。1969 年 11 月 30 日他被下放到湖北咸宁的文化部五七干校，在那里呆了两年多，1971 年 1 月 22 日春节前写给妻子张兆和的信中，谈的是下雨、天冷、吃的东西，还有他要做的工作。其中也谈到过年和有人被获准回北京了：“这里已有点像过年，菜柴均多了起来。食品店糖酒点心奶粉均有供应，布店闻每天有上千元售出，随时有牵猪到区的人。廿六、十三诸连日来均有大数目回京的人，如上路倒不寂寞。”（同前，第 422 页）一年多，他待在农村，沈从文是否写出他理想中的文字呢？看看他这些诗句就清楚了："学习解放军，一心为人民，战胜大自然，起步共长征。"［沈从文：《大湖景（之三）》，《沈从文全集》第15卷第342页］"世界形势好，祖国面貌新。日出东方红，天下齐照明。"［沈从文：《大湖景（之四）》，同前，第343页］"厨房周同志，岿然一巨人，灶前默默立，如'大树将军'。案前有小耿，揉面手不停。打击帝修反，同样树标兵。"（沈从文：《双溪工作点十连厨房》，同前，第345页）

大家都说沈从文会运用文字，读这样的文字，我感到心酸，很显然沈先生也未必就比他的同辈人"懂如何用文字去表现"！这也让我想起那句老话：覆巢之下，安有完卵？这样的环境里，你懂如何运用文字又能如何呢？有时候作品的好坏与写什么也并非毫无关系，为一个病人化妆，功夫再高怕也难掩憔悴之色……这些个问题也一直苦恼着当时的沈从文。

2008年2月24日晚

年夜饭

中国人过的是紧日子还是松日子，要看怎么过年。而过年的那顿年夜饭更是国民经济的晴雨表。

“年夜饭有：香肠、咸肉、花生、鹅；口蘑、炒素什锦；糖醋黄鱼、蛋饺粉丝汤——共四冷盆、二热炒、二大菜。”1977年没有微信可晒吃喝，只好默默写到日记中，可是记得这么详细，是不是有点小题大做？写日记的是复旦大学教授、学者、作家赵景深，“文化大革命”刚刚结束，百废待兴，论起来，那两年中国翻天覆地的大事一件接着一件。不过，大约多年运动养成的谨言慎行的习惯，赵景深日记中谈论天下事少之又少。我查了一下，1976年9月9日，只记：“听广播，知毛主席已于今晨逝世，不胜哀悼！”（《赵景深日记》第59页，新星出版社2014年1月版）接下来几天，也不过是买黑纱哀悼，读《参考消息》上唁电等寥寥数语。粉碎“四人帮”，日记里有的也仅是这样几句俨如旁观者的话：“晚间听广播申讨‘四人帮'的罪行。他们如得逞，将是我们人民的灾难。"（1976年10月23日日记，同前，第86页）然而，于个人身体状况，人来人往，读什么书等等，所及甚详，乃至不厌其烦。

关于吃的，记的次数虽然不多，然而每次都十分具体。上面提到的1977年2月17日除夕的年夜饭之外，次日是春节的家庭团聚，菜单也记得清楚："中午家里人吃春节饭，冷盆与昨同，热炒有肉片口蘑，大菜有鲤鱼头，肉与汤均美。"（同前，第164页）再接下来一天："今天中午请武夷路的亲属吃春节饭：冷盆加豆芽菜和烤麸、木耳，热炒加花生酱爆肉丁和虾米熘黄菜，大菜则为鲤鱼头和三鲜汤。"（同前，第164页）春节里，隆重地吃年夜饭，家族亲朋团圆，是中国人的传统习俗，近年来，因为生活好了，中国人的春节"只有"吃吃喝喝常为人所诟病，这未免有些绝对化。一是饱汉子不知道饿汉子饥，在物资匮乏的时代，吃吃喝喝就是节日。二是吃吃喝喝怎么了，这里面也有礼仪有文化有亲情也有节日的仪式感，从某种角度讲，也是中国人的必修课，学问大着呢。赵景深在除夕前一日日记中记道"为春节聚会开了菜单"，可见其重视程度。

赵景深的隆重记载，与能有这样的饭菜委实不易也大有关系。从菜单看，十盘八盘的，似乎很丰富，可是看看就餐人数，未免也有僧多粥少之感。年夜饭是十人吃，春节那天也不会少于前一日，而冷盘显然用了前日剩下的。初二宴亲朋则是十六人。吃的东西也是来自“五湖四海”：鸡、虾、鱼、肉乃是湖州徐重庆所送，“小涟送猪肉八斤，是从苏北买来的”（赵景深 1977 年 2 月 16 日日记，同前，第 162 页）。1977 年 1 月 18 日赵景深太太过生日，有两个冷盘，还是孩子“到几个地方去拼买来的”（同前，第 142 页）。1976 年 7 月 20 日日记中说：“饭馆不用肉票，熟食店要肉票。”什么意思？据金大陆《非常与正常——上海“文革”时期的社会生活》（上海辞书出版社 2011 年版）一书中引用资料，上海在 1976 年 7 月 16 日至 1979 年期间猪肉凭票证供应（这个政策之前和之后还曾有过），市区居民每人每月供应 2 元钱猪肉（折合 2.36 斤），春节加 2 元，元旦、五一、国庆各加 1 元；郊区城镇居民每人每月供应 1.5 元，春节加 2 元，元旦、五一、国庆各加 0.75 元——现在很多朋友见了肉像毒药一样怕，哪曾想就在四十多年前，那要论斤论两数着卖。赵景深的这个年夜饭菜单，也让我们忆苦思甜一把吧。

随着时间的推移，过年的情况逐渐好转，然而，物资也并非像今天这样极大丰富。同样任教于复旦大学的贾植芳在 1981 年 1 月 30 日的日记中写道：“上午和敏去学校小店买过年糖果，没买成，又到系内转了一圈。午饭后，小周来送稿，她去后，我们相偕到了北四川路，我买了一条化纤裤子，花了十三元，又买了几包巧克力和点心，都是准备当礼物送人的，为此花了一堆钱。”（《贾植芳全集》第6卷第124页，北岳文艺出版社2020年1月版）对于烟不离手的贾植芳先生而言，烟可是重要物资，这也很紧张：“晚，老苏送来代买的香烟。现在香烟紧张，黑市猖狂，下午在五角场就看到马路旁有些不三不四的青年手持香烟三五包在人行道上叫卖。据说一包飞马要卖到六毛，一包凤凰要卖到两元。”（贾植芳1981年2月1日日记，同前，第124页）再看看他们那两年吃的和准备的年货。1980年2月3日记：“路上买了一瓶酒和一元钱的猪头肉。”（同前，第38页）鱼，看来也是抢手货，同年2月11日、2月13日两次写道：“老焦送来鲜鱼三条。”“老焦爱人送来代买的几条鱼。”（同前，第40页）那两年的过年，也是“胡风分子”劫后的聚会，有两次在耿庸（郑炳中）家里聚餐：

> 今日大年夜，上午敏从邮局取回鑫弟寄来的花生……与敏及桂英相偕去南京路买了药，坐车至炳中处已十一时，满子已在，老徐不久亦来，她送了我几包高等烟，和一本大正年间出版的夏目小说；西海小两口做菜，其中一味是拔丝梨，别具风味。
>
> 二时从郑家出来，南京路走了一下，四时许到小顾家，在此夜饮，九时许辞归。（贾植芳1980年2月15日日记，

同前，第 41 页）

下午三时先乘车到大八寺，在此如约见到小卢，一块儿乘车去炳中处。他们新搬了家，在北站还要换一次车，所幸到达和平新村站时，南越已在候，这样少了问路的麻烦。

炳中的新居共两间，我们到时，王戎、满子已在座，王戎的侄儿和他的女友（沈姓）已先到，炳中的二对儿媳已在伙房忙烧菜，随后小顾亦到。

菜烧得不少，坐了一大桌子，酒也喝了不少。九时许才离开，到家已近十时。（贾植芳 1981 年 2 月 3 日日记，同前，第 126 页）

1980 年年夜饭的记忆是“拔丝梨”，1981 年，生活有所改善，耿庸分了新房子，“菜烧得不少”，那一年过年日记中，贾植芳记了好几次餐桌上菜品丰富，以致除夕夜吃坏了肚子。那是在唐金海家：“在小唐家吃完饭，小张做了不少菜。”（贾植芳 1981 年 2 月 4 日日记，同前，第 127 页）“今天正月初二。早起后，偕敏出门，在虹口公园门口转十八路，直达斜土路，在这里小铺买了些点心，加上在学校买的水果，作为人情，找到小周的家，午饭做了很多菜，可惜我前晚吃伤了，肚子这两天不舒服，所以只能把吃喝当成一种礼貌，少吃一些。……坐车转至小朱家……做的菜也很多。我也略略点缀一番而已。”（贾植芳1981年2月6日日记，同前，第127页）看来，贾植芳的胃口还没有做好迎接新时代的准备。不过，那几年，身份改正，思想活跃，他们的精神上快乐和昂扬显而易见，看1983年的日记：

> 今天是旧历除夕夜。上午老耿来午饭；过午满子、小顾夫妇、小高夫妇和两个孩子先后来，由小高掌厨吃了一顿丰盛的晚饭——席上有我们从北京带来的梅志送的烤鸭、郎酒，她们一家也在精神上和物质上参加了今天的欢乐。
>
> 客人走后，我读了老耿为阿垅的报告文学集《第一击》写的长篇后记。下午又看了小高从杭州带回来的方然追悼会的材料——阿垅、方然两兄都死于一九五五年之狱。看了各地的友人追述他们战斗的一生和悲剧的结局的材料，我只有愤怒。我憎恨那些披着马列主义革命外衣的政治恶棍，他们无所不用其极地迫害和侮蔑同志和人民的滔天大罪，已彻底地揭发了自己的丑恶而卑贱的灵魂——历史和人民不会饶恕他们，他们已背叛了革命和人民。（贾植芳1983年2月12日日记，同前，第323页）

这一年聚会是在贾植芳家，他们喝了胡风夫人梅志赠送的酒，日记中写到了“欢乐”，它不仅来自物质上，也有精神上，或者说，后者更重要、更本质。众人散去，贾植芳读友人文字，在一年的除夕中，怀念死去的朋友，义愤填膺——酒喝了，生活好了，历史的教训也不能忘啊。

2018 年 1 月 15 日中午于武康路

2020 年 5 月 29 日午后修改

两件小事

经常会有人问我：巴金究竟是怎样一个人？我的回答常常令他们失望，因为对一个世纪老人来说，百年的风雨岁月岂能用一两句话可以概括；一个作家丰富的心灵，又怎么用简单的词语可以总结？但是一滴水可以映出太阳的光辉，点滴小事却往往能看出一个人的品行，不妨讲两件他的小事吧。

一件是著名作家邓友梅先生所讲的。1980年春天，在巴老任团长的中国作家访日代表团中，邓友梅担任代表团的秘书，一些杂务当然包在他身上。代表团抵日即接到通知，日本首相将于次日接见代表团成员。可是，这时却发现，团长巴金的行李没有随机来到东京，而是托运到上海了，而巴老出席活动的西装就在里面！邓友梅怀着忐忑不安的心情等待着巴老的严厉批评，甚至准备接受处分，因为外交上无小事，这样的事情说小是小，说大也真够他受的。没想到巴老得知情况后，不但没有发火，反而和气地说：“没关系，找一位与我身材差不多的人借一套就行了。”事情就这样解决了……今年的11月25日，也是巴老生日的这一天，已经八十高龄的邓友梅讲起三十年前的旧事，仍然满含深情、感慨万千。他说：“巴老帮我闯过了一关，以后谁也没有再提这件事。”

另外一件事情，是原《文艺报》的副主编吴泰昌先生讲的，也是在20世纪80年代。有一年他随巴老到杭州，离开前，杭州的朋友依依不舍，他们围着巴老照相。这时，宾馆的几位服务员也想与巴老合影，得知她们的要求，巴老爽快地答应了，并请带相机的吴泰昌帮忙拍。令吴泰昌多少年印象深刻的是，照完后，巴老非常认真地叮嘱他：你一定要把照片洗出来，寄给每位服务员。——他绝不是敷衍，而是非常认真。他真诚地对待朋友，也是平等地对待、尊重那些素不相识的人。

这就是巴金！

在他的一生中，这的确是小事，我甚至都怀疑跟他重提，他自己都未必还记得。像他这样的名人、“大人物”一生中不知见证和经历，甚至创造了多少历史时刻。一个人当他面对重要的历史时刻，他完全可能伪装起来，以为未来的“不朽”留下美好的姿态。甚至有的人有镜头“敏感”症，在镜头下立即装模作样，在这之外却又是另一副面孔。唯有在日常生活中，特别是那些不经意的小事情上，一个人的性情、脾性和真实的面目才会不加掩饰地表露出来。在一个讲品阶、等级的社会中，怎么对待大人物都不足为奇，但是怎么对待“小人物”那可大不一样。很多人在大人物面前颐指气使，在平民百姓面前却耀武扬威，因为他觉得自己哪怕不高人一等，也是不一般，或因地位，或因权力，还有因为金钱，这些都有可能成为高高在上的理由。而越是伟大的、高尚的人，越不会这样待人接物，在生活中他们反而更普通、更朴素，巴金的两件小事不正说明了这些？

作为家里的“四少爷”，巴金自幼就得到了母亲爱的教育，包括对家里仆人的爱；长大了，有了信仰，他更追求人与人的平等，社会的正义。对于他来讲，这些不仅是革命大道理，也是日常生活中的点滴行动。巴老晚年一直强调言行一致，他一生都想努力做到这一点。

2010年11月26日于北京旅次

唐弢先生现在屡屡为人提起的，是他的《晦庵书话》。其实我对他主编的《中国现代文学史》也颇有几分感情，特别是后来的《简编》本，虽然这套书因成书年代过早，不免有时代的烙印和观念的束缚，但是，后辈人读书要学会过滤，将那些时代的沉渣过滤掉，那些闪光的东西，比如学者的严谨、史家的识见就显露出来了。最近，翻读十卷本《唐弢文集》（书目文献出版社 1995 年 3 月版）中的书信卷，从那些细节中，同样可以看出先生一丝不苟的治学态度，敢于坚持己见的正气，从而领略到老一辈学人为人治学的风范。

鲁迅先生曾说过："从作家的日记或尺牍上，往往能得到比看他的作品更其明晰的意见，也就是他自己的简洁的注释。"（鲁迅：《孔另境编〈当代文人尺牍钞〉序》，《鲁迅全集》第 6 卷第 415 页，人民文学出版社 1981 年版）书信中有很多例子可以为此佐证。1988年，陈思和、王晓明在《上海文论》上主持了一个“重写文学史”专栏，对以往流行的现代文学史模式提出质疑，众所周知，唐弢主编的《中国现代文学史》影响甚大，书中很多观点自然也就成为反思的靶标。学术观点之争本来十分正常，可是有的人偏偏想借势给他们扣上“资产阶级自由化”的大帽子，妄图把学术问题变为政治问题。其时，国内一家较有权威性的思想理论杂志特意向唐弢约稿，要他发表对此事的看法，大约也有借重唐弢在学界的影响正本清源的味道。唐先生应约写了《关于重写文学史》一文，文中，他实事求是地谈了现有文学史存在的问题，并指出尽管“重写文学史”专栏所发表的文字见解尚有许多可商榷之处，但这种做法值得肯定，也并不是资产阶级自由化行为。大约唐先生的文章与编者的意图相差太远，杂志社要求他修改文章，唐弢在1990年3月2日致艾以信中谈及此事：“目前凡是约写文章的，我都谢绝，因为要我写的我不想写，我想写的不能写，这样就只能不写。例如《求是》第2期上文章（指《关于重写文学史》一文——引者），就是出题作文，我的条件是不能改，先是全文通过，不改。……临发排时，又说要改两处……第二处是我说重写文学史并不是资产阶级自由化，他们说没有人这样说，要删，我不同意，并肯定有人这样说过，如要删，宁愿不登，后来这点总算没有删，但文责自负。”（《唐弢文集》第10卷第155页）寥寥数言，不难看出他在大是大非上敢于坚持己见的学人风范。

1989年，唐弢应邀担任全国优秀散（杂）文集评奖的主任评委。在1989年5月10日致夏钦翰的信中，他谈到自己参与评奖的情况：“由于我在会上坚持了几点意见（例如照顾要有限度、评委的作品不参加竞选……等等），得罪了许多人。作协对我也有意见，说是这样他们的工作不好做。我不管这些，觉得该坚持的，还是坚持。”（同前，第697页）“该坚持的，还是坚持”，虽然不招人喜欢，但是学术的正气得以维护，我不由得要为老先生的这股倔劲叫好。唐弢崇敬鲁迅，晚年花费很大的精力要写出一部鲁迅传，从这样的事情上，我看到了他一直心仪的鲁迅先生的遗风。很多事情，坏都坏在大家你好我好哈哈哈，面子上过去了，事情却办坏了，非得有几位这种“该坚持的，还是坚持”的人不可。

别以为这个倔老头容不得别人的意见，学术上求知求真，大是大非，不能含糊，但他也并不自以为是，或以势压人。在给他的研究生汪晖的信中，他说：“我当然有我的看法，但不会勉强我的研究生一定要和我抱一致看法，和我不同的看法只要言之成理，持之有故，我还是尊重的，也不会影响我对他为人或文章的看法。正因为这个缘故，我和你们谈话时，总是谈写法方面较多，谈思想内容（除非我完全不能接受的显著错误）少，因为意见容许有各人自己的体会和理解。”（唐弢 1987 年 7 月 21 日致汪晖信，同前，第 264—265 页）这样做，既是为了学术的繁荣发展，又让青年后辈能够扬已所长。为此，他既不骂杀，也不是无原则地捧杀。

姜德明曾写过《唐弢的信》一文，谈到唐弢每信必复，若用稿纸每字一格，标号清晰，每信署名后必注年月日。姜先生认为：“些微小节足见他的细心、周到。”我觉得从中恰好看出了唐弢的严谨学风。唐弢这批书信中，有关鲁迅研究的非常多。事无巨细，作为研究权威，他知之为知之，不知为不知，绝不信口开河，倘若要说什么，是所言必有凭据。这些，在一些人看来，或许没有什么新奇之处，我想朴实无华、严谨扎实的学风业恰是构建学术大厦所不可或缺的良好品格，这些在今天尤其需要好好发扬。

1997 年 5 月 9 日上午

天哪！『大师』谈何容易？

黄永玉绝对是当今的“牛”人：弄木刻、画画儿、写字，样样精绝；这还不算，老头子的文章也写得好，嬉笑怒骂，大气磅礴，笔笔有真性情，这样的文章拿来跟散文家的比一比，全中国准有一半散文家以后要改行。不过，人们对散文常常不以为然，更何况名人嘛，放个屁也有人抢。那好，看看老头子的诗吧，我说的不是打油诗，是新诗。早在 20 世纪 80 年代，他的诗集《曾经有过那种时候》就得过中国作家协会第一届（1979—1982）全国优秀新诗（诗集）一等奖，这可不是闹着玩儿的，与他一同得奖的有艾青、公刘、邵燕祥、流沙河，足见老头子这次客串的技术含量。小说家先别撇嘴，这家什老头子也操练过，而且出手不凡，他打算写一部叫《无愁河上的浪荡汉子》的自传体小说，才写到四岁，就已经二十万字了，这还了得？难怪有人说黄老头狂，眼睛里没有几个瞧得起的人物，谁叫人家天分高，弄什么是什么来着？

好了，那么这样的人物可以算作“大师”了吧？按说这顶帽子戴到老头儿脑袋上恰如其分。君不见，当今社会活得长一点，吆喝得响一点，自我感觉良好一点都成大师了，黄老头儿含着个大烟袋看着就比那些人有三分神采。不过，如今大师也不是什么稀罕物件，正如黄永玉的文章中所写，国民党时期的首都南京流行这样一句话：“少将多如狗，中将满街走。”到现在则是“教授满街走，大师多如狗”了。当然，也有朋友早就叫他大师了。起初，他感到难为情，常了，“就一天天地脸皮厚了起来，形成一种‘理所当然’的适应能力”（黄永玉：《大师呀！大师》，《沿着塞纳河到翡冷翠》第100—102页，作家出版社2006年11月版）。但肯定还不是那么心安理得，直到有一天，他发现他的学生、学生的学生都被称作“大师”了，而且个个安之若素，才彻底明白：“我们的文化艺术已经达到了一种极有趣的程度了！”（同前，第102—103页）听着人叫自己大师当然比洗了热水澡还舒服，但这“有趣”却未免让人读出几分酸楚，这个“有趣”而不是“得意”，可见“狂妄”的黄老头儿可不糊涂，不想当大师的艺术家不是好艺术家，可是不知道天高地厚的艺术家却既愚蠢又可怜，多年前黄永玉就这么说过：

我已经六十七岁了，除非我脑子里没有莱奥纳多·达·芬奇、米开朗琪罗，没有吴道子、顾恺之、顾闳中、张择端、董源，没有毕加索，没有张大千……除非我已经狂妄地以为自己的艺术手段可以跟他们平起平坐了！我不明白千百年艺术历史的好歹！天哪！“大师”谈何容易？（**黄永玉：《大师呀！大师》，同前，第102页**）

说得太好了！这话可以拿来问那些招摇过市的各行各业的大师，比如搞音乐的可以问问你是否跟莫扎特、舒伯特可以平起平坐了；搞文学的可以问问，你是不是以为可以跟托尔斯泰、曹雪芹称兄道弟了？当然，更重要的是要扪心自问，人有点雄心壮志合情合理，可我们的名字真的就可以和人类历史上那些光辉灿烂的名字并排在一起吗？如果你的气儿不是那么壮的话，就别再自寻烦恼了，好好做自己的活儿吧。“大师”这顶帽子人人都知道戴着舒服，但要把它戴得端正、戴得稳定可就没有那么容易。

“大师多如狗”，是不是对大师有些不恭，是不是太不尊重大师了？其实，我们这个时代恰恰是因为缺少真正的大师才会批量生产、早产那么多次品货，恰恰是没有见过天有多高地有多远，才会见了小水沟就惊慌失措地喊黄河、长江。其实，大师既不是职称、封号，也不是福利待遇，它是人们心中公认的一种标准和尺度，是一个供人仰望的标杆，如果这样的人多如狗遍地走，那你是不是太不尊敬人类的智商了？或者说，大师只能属于历史，只有那些经得起历史检验的人物才配享有这种敬称，而那些急于扛着大师的招牌扮演大师招摇过市的人，多半是枉费心机。有一点你更应当明白：周围的人不过是为了各自不同的目的在唬你玩罢了，你以为他叫你大师就真的把你当作毕加索了，不信，拿一幅你的画儿跟他换一幅毕加索的，你问他干不干。

2008年1月26日下午

附录：从『不好看』说起——学术期刊与学术文体

我曾经跟人说过：学报上发表的文章，我没有兴趣看，主要是不好看。话虽然说得绝对了一些，却是我的真实感受。有人反驳：你这个标准有问题，学术期刊上发表的是学术论文，论文怎么能用“好看”来要求，那不成小说了吗？——我当然不会昏头到把论文当成小说，把阅读学术期刊当选美比赛。可是，问题恰恰也出在这里：是不是人们先验地认为，论文就应该板着面孔、枯乏无味，学术期刊就应该索然无味“不好看”的呢？为人所诟病的“学报体”，似乎可以为学术期刊这种“不好看”做一个注释。这种论文从行文风格、内容提要到引文注释都有严格的统一的规范，不像是活生生的由不同个性的人写出来的，倒像是机器工业生产的结果。形式和文风也是替罪羊，是呈现出来的给人的直观印象而已，缺乏真知灼见，学术原创力之不足，思想的贫乏，不能带给人学术启迪，激发不出学术活力才是核心问题。这些问题与形式的单一、“不好看”是不可分割的一体，所以，“不好看”表面看似乎是一个无足轻重的小病菌，但是轻视它，不消灭它，它必然会侵蚀肌体引来大病。

从学术生态的整体性而言，学术期刊的这些问题乃是受害于当今的某种学术体制，很多情况，它自身恐怕无能为力。这不仅是学术期刊，其他类别的期刊也深受其害。令我印象深刻且大为惋惜的有两份刊物：《读书》和《文史知识》。《读书》不是学术期刊，它的自我定位是“思想评论杂志”，近年来，它给人的感觉也是“越来越不好看了”。《文史知识》应当是传统文化的普及类杂志，记得我还是两脑空空的少年之时，偶然读到其中几期，便被上面的文章深深吸引。那些文章讲到古人的日常生活风俗，分析古诗词中的微妙，大家文笔，生趣盎然，深入浅出，读后令人对传统文化心生无限向往。正是这个印象，促使我前两年又订阅这个杂志，打算给孩子看。结果，我自己拿来翻阅，却大失所望，里面刊登的各种赏析文章，犹如学术论文，不过兑了一点大众化的白开水而已。《读书》的问题，同样如此。当年的那些作者吕叔湘、金克木、黄裳、董乐山、陈原和他们的文风都一去不复返，现在“思想评论”的文章都当论文来写了。——从某种意义上讲，我们作为“论文大国”的目标已然达到。

记得陈平原讲过，学者应该有两副笔墨，一副是写学术论文的理性笔墨，另外一副则是写散文、随笔的抒情文笔。我的理解，这不是“笔墨”问题，而是一个学者的情趣、胸怀、能力和素养的问题。就像当年王蒙提倡“作家学者化”一样，提倡两副笔墨并非是让大家“不务正业”非要去做那个“他者”。我也知道，很多文史学者，对于“文艺者流”是很看不起的，认为咿咿呀呀、“没有学问”。其实，不论几副笔墨，都是一个头脑，我不相信一个头脑贫乏、单调、没有情趣的人，写论文就能创见迭出，结果往往正好相反吧？论文之不好看，徒有形式，空洞无物，这种病菌是会侵蚀大脑的。学术体制由形式的规范到思维的规范，以致对学人的全面规范，到最后学人完全沦为生产标准论文的论文机器。

在这样的背景下，学术期刊要寻找自己的生机和出路，似乎既一无可为，又大有可为。人们不是历来讲危机就是生机吗？或许正是如此吧，以我的陋见，学术期刊的机遇恰恰在于有所不为和有所为之中。“有所不为”，是倘若学术生态的大环境的改变非一日之功，也不是一己之力可以完成的，那么，至少不要再为它添薪加柴、煽风点火，甚至助纣为虐。“有所为”，是学术期刊作为一个重要的学术平台，在自己的一亩三分地里，还是大有所为的，对于文风、学风的塑造都是可以发挥相当作用的。从积极的、建设的态度来看此事，我的建议是：学术期刊应改变论文包打天下的局面，改变论文一个面孔的形态。

具体说来，不妨从以下几点着手，以非常的耐心改变非一日之寒的局面：

首先，要改变学术就是论文，论文就是学术的习惯性思维，打破论文包打天下的期刊格局，以多样化的思维，办出学术期刊自己的个性。或许由于高校、科研部门的考核标准这只手在背后，导致学术界和学术期刊对于论文的崇拜达到无以复加的地步，似乎写论文就是搞学术，学术成果最重要的呈现形式只有论文，论文之外都等而下之。这种思维，造成学术论文大跃进已经是有目共睹的现实。学术期刊以论文做大餐、主菜，或许无可非议，但是一本刊物，倘若让论文包打天下，没有前菜，缺乏甜点，这样的大餐对读者胃口也是严峻的挑战。它或许够专业，不过，专业到这个刊物只有放在办公室和图书馆正襟危坐来看，只有写论文要引用参考文献才找出来看，这本期刊的生命力堪忧。这种“专业化”画地为牢，拒人千里之外，这是学术期刊走进了死胡同。它们的面目大同小异：很多学术期刊的栏目几乎就是学科分类，文、史、哲各来一个栏目，说白了，就是把一堆差不多的论文装在不同筐里而已。这种“不好看”背后的根本问题是学术期刊完全没有自己的个性、特色，有时候觉得谈“个性”都有些夸张了，我们可以这么问：它们之间，除了刊名之外，有差别吗？连栏目设置上都步调一致，都是论文包打天下，千人一面，千人一腔，这样的刊物自然让人熟视无睹了。

我曾经买过一些老的学术集刊，时过境迁，还想保存它们，那是里面有吸引人的内容。我看重的是那些文章有内容、有分量，可以作为历史文献保存。还有一点也很重要，这些集刊内容丰富，又形式多样，有时候，不是主菜而是小菜吸引了我。如北京大学文学研究所编的《文学研究集刊》，在原创论文之外，还刊发翻译文章，每册几篇翻译文章，译者都是名家，分量都很重。如《文学研究集刊》第二册（人民文学出版社 1956 年 1 月版）：钱锺书译《精印本〈堂·吉诃德〉引言》（海涅作）、罗大冈译《浪漫主义的根源》（拉法格作）、杨周翰译《论莎士比亚的悲剧〈哈姆雷特〉》（阿历山大·阿尼克斯特作）。该刊第五册（人民文学出版社 1957 年 5 月版）则有李健吾译《杂论四篇、书评三则》（巴尔扎克作）。我们现在虽然标榜全球化、世界性眼光，可是各学术刊物对国外的学术信息关注并不够，也大多不刊发译文。不惟从学术交流，仅仅从办刊物的角度，每期有适当篇幅的译文调节一下读者口胃、开阔一下眼界，改变一下期刊的单调格局，这岂不是一举多得的上选吗？

王元化先生主编的《学术集林》，以“学术”相号召，却并不以论文包打天下。《学术集林》在论文之外，另有文献资料的发掘、考据和重释，还有梳理学术史的学人回忆，以及传递学术信息和动态的学术书评等方面的内容。特别是文献资料的发掘、考据和重释，是该刊重头戏，每卷都是放在头题位置推出，且不惜篇幅。二十年过去了，如今重翻该刊，还是能够感受到这些史料的价值。如卷一刊出的是：《章太炎遗嘱》（章太炎，附：章念驰注释）、《量守文钞》（黄侃，附：潘重规说明）、《存斋随笔（关于大生命部分）》（熊十力，附：万承厚跋）等文。卷二有《沈曾植未刊遗文》（沈曾植，附：钱仲联说明）、《读〈弘明集〉〈广弘明集〉札记》（陈寅恪，附：章培恒说明）、《五石斋日记选钞》（邓之诚，附：王钟瀚说明）、《马一浮遗札》（马一浮）等文。卷三有《致王国维札》（梁启超，附：刘寅生、房鑫亮注）、《上古之开化》（蒙文通，附：蒙默整理后记）、《大戴礼记考论三篇》（任铭善，附：蒋礼鸿《记任铭善》）、《积微居文集别录》（张舜徽，附：张君和后记）、《〈古文观止〉评讲录》（吕思勉，黄永年笔记并序）等文。这都是编者精心组织、重头推出并坚持始终的，它们也很快就构成别人无法取代的《学术集林》的特色。编者这么做，还有对学风的一种扭转意图在里面，王元化在卷二《编后记》中说："可是长期以来，只有观点才被认为是重要的，训诂考据则多遭藐视。……正如不能有大量假大空的理论文章，就断言观点义理是无用的一样。我不同意把观点义理置于考据训诂之上，做出高低上下之分。"（《学术集林》卷二第329页，上海远东出版社1994年12月版）这样的观点，我认为对于至今的学术期刊也是不无警示意义，长期以来重论而不重视基本史料的整理、发掘、考辨，使我们很多学者愿发"高屋建瓴"的空论，可是高论中常常千疮百孔，经不起严格的文献检验。这种海市蜃楼搭得再高也是虚幻的。既然如此，学术期刊压缩一点宏论的篇幅，给坚实的文献资料留一定的空间，有什么不好？这样的事情，既然前人可以做，为什么现在就不能做呢？

其次，提倡各式各样的论文，而不是只有"学报体"一种，由论文形式的多样化，营造活泼的文风和活跃的学术局面。指望如今的学术期刊，抛弃论文做主打的局面，恐怕不现实，也很难找到这样有魄力的编者。可是，改变一下论文的单一面目，让"学报体"别像紧箍咒似的套在文章头上，大约是可以通过努力走通的现实途径。论文的单一面目，是学术贫乏和思想贫乏的反映，要从这个泥淖中挣扎出来，并非一朝一夕，对此，学术期刊的培育、引导、示范作用尤为关键，当学者、读者们看到学术期刊可以刊发"各式各样"的论文时，其中默默的引导力量，春风化雨的培育作用，会慢慢显现出来，类似的文章会多起来了，终将形成一种不同的风气。要做到这些，归根结底，它取决于编者的思想开放、思维活跃、思路开阔。

翻开陈寅恪的《寒柳堂集》《金明馆丛稿初编》《金明馆丛稿二编》这样的文集，我们不难发现，收在学术大师文集中的文章形态是多样的而非单一的。在我们习见的那种论文之外，校笺、序跋、书后、读札都收在这里，闪烁其中的真知灼见一点也不少。我特别注意，这些文章多刊于《清华学报》《岭南学报》《中山大学学报》《历史语言研究所集刊》，这些学术期刊上发表的众多文章早已是中国现代学术的经典之作，由此可见，当年的学报所发表的“论文”并非都是一个面目。再看论文的内容和选题，有的简直就是琐屑杂论，如有一篇《狐臭与胡臭》，一千多字，文章虽短，谈的却是“中古华夏民族曾杂有一部分之西胡血统”的大问题。还有一篇《三国志曹冲华佗传与佛教故事》，由佛教传入中土时的细节，注意到在当时，“印度神话传播已若是之广，社会所受之影响已若是之深”，提醒治史者注意其中的问题。文章不仅梳理了一个问题，作者还以敏锐的学术眼光提出可供后来学者继续研究的大课题。这也不过是两千字左右的“小文章”。这样的题目这种写法，在今天的学报上能够刊出吗？我很担心。

无独有偶，中国现代学术史另外一位大师钱锺书，他的学术成果也不是今人所想象的中规中矩的论文。《谈艺录》《管锥编》都不是论文集，也没有今人的学术专著的习见面目，它使用的是传统的笔记体、诗话体。这些同样也并未降低它们的学术性，并未妨碍它们对于某些学术问题的前沿性探讨。钱锺书在《管锥编·序》中说：“瞥观疏记，识小积多。……敝帚之享，野芹之献，其资于用也，能如豕苓桔梗乎哉？或庶几比木屑竹头尔。”比作“豕苓桔梗”“木屑竹头”固然是钱先生的自谦之辞，却也是这部笔记体著作的外在形态，然而，谁会因为这样的形态就轻视这部博大精深之书的学术价值？钱先生倒是有一本书算是“论文集”吧，那就是《七缀集》，它是那么鲜明地体现了钱氏风格，又给当今那种空洞、枯燥的论文以响亮耳光。这部书中即便是《中国诗与中国画》这么严肃而宏大的题目，钱先生也写得妙语连珠、生趣盎然。至于《一节历史掌故、一个宗教寓言、一篇小说》这样的文章，更是自然天成、妙笔生花、五彩缤纷。这是一本让我百读不厌的学术著作，它让我看到学术臻于化境的自由，学术的趣味和欢乐，它对于欲使论文面目有所变化的人而言，也是一本典范之作。

一定有人会为“学报体”喊冤，他们认为，时代不同了，学术发展到今天，已经跟前人那种没有规范的学术语境大不相同了。——“学术规范”冠冕堂皇，常常让很多人大气不敢出，我承认人们说的既是现实，又具有相当合理性和科学性。学术规范不能不讲，然而，学术规范的本质是什么？它应当更多体现在促进学术的发展上吧，倘若某些规范束缚了学术发展，甚至让学术死在规范下，那么这个规范需要改进和质疑，至少我们不能坐以待毙吧？比如，以字数多少论英雄，又以字数害死英雄。听说很多学院规定三千字以下不算论文，这些规定又使学术期刊不约而同地把论文的篇幅做了默契的规范，这个规范是有上限的，一般就是万把字的篇幅，偶尔有些大佬享受个两万字的篇幅已算破例。篇幅问题，当然不仅仅是篇幅问题，它直接造成一种小题大做、无话找话的繁琐文风；它也可能形成，许多必要的引证不能引入，论证不能充分展开，削足适履、大话连篇、草草了事的空疏文风。正常的情况下，一个刊物刊文，应当长短不拘、软硬兼施。在过去的学术刊物中，这不是问题，很多作者的供稿也会为刊物自然而然解决，而现在像割韭菜一样被“规范化”之后，只剩下单一化、单调化的面孔了。手头有朱东润、李俊民、罗竹风主编的《中华文史论丛》1979年第二辑（上海古籍出版社1979年4月版），本辑有胡适遗稿《〈水经注〉校本研究》，占了76页面。可是，也有只占一个页面甚至半个页面的学术札记和补白，以“小议”“补正”和“读书札记”为题目，它们的作者是陈奇猷、于北山、卞孝萱、黄裳、郑逸梅、罗继祖、钱剑夫等，从这些光辉的名字不难体味这些千字文甚至百字文的分量。我认为，这是一个学术期刊的正常状态，该长则长，能短则短。我印象深刻的还有20世纪90年代陈平原、汪守常、汪晖主编的《学人》(江苏文艺出版社出版)，它向来是以能刊发重厚长大的文章而引起我注意的。学术问题就是这样，如果是真问题，是有创见的研究，没有人嫌文章长，反而有一种酣畅淋漓、意犹未尽的感觉。相反，人为地去严格限制、无端地尊奉某些规范，整齐倒是整齐了，规范也规范了，然而把学术问题的本义弄丢了，活力也不足了，这可真是实实在在的买椟还珠。现在的学术期刊的尴尬是，想发长文章发不了，想发短文的学术期刊也没有了，这是做饼干的办法，弄好模子让大家往里灌，做学术岂能如此？何况，有些做法矫枉过正以至荒谬，例如让很多学位论文作者谈之色变的“查重”机制，幸好没有人拿去检查周作人、钱锺书，以至中国古人的相当多的学术著作，否则，他们个个都成了“学术不端者”了？

《红楼梦》第48回，有一段很有名的“香菱学诗”。林黛玉跟她讨论了一番起承转合、平仄相对、“一三五不论，二四六分明”等等这些基本规则之后，特别说：“若是果有了奇句，连平仄虚实不对都使得的。”香菱立即领悟：“原来这些格调规矩竟是末事，只要词句新奇为上。”黛玉又补充：“正是这个道理，词句究竟还是末事，第一立意要紧。若意趣真了，连词句不用修饰，自是好的，这叫做‘不以词害意’。”——这些是作文做研究的常识，也是至理，办刊物想来亦然，至少我们应当少做一点“末事”。倘若还想创新，还想有一点“奇句”，那么首先还是少给人一点束缚为好。

第三，期刊作为一个重要的平台，要充分发挥对话、交流、碰撞、争鸣的学术讨论的作用。现在的学术期刊“不好看”，还有一个很重要的原因是封闭性很强。这个“封闭性”，对外而言，许多选题、话题过分局限于所谓“专业领域”，久而久之，成了自娱自乐。学术乃天下之公器，学术期刊既然是公共平台，有学术性，也要有学术关怀、人文关怀，更要有现实情怀。具体说，它得有自己明确的思路和办刊方向，不能盲目地跟着时风走。王元化办《学术集林》，在第一卷的《编后记》中就申明：“……《学术集林》大概是颇不合时尚的读物。我们不想遵循目前流传起来的说法，把学术和思想截然分开。《学术集林》发表的文字，希望多一些有思想的学术和有学术的思想。”刊物的追求、目标十分清楚，个性和特色也渐趋形成。我们的许多学术期刊是否有自己的明确而具体的办刊宗旨呢？还是仅仅是糊里糊涂来稿照收，像随便张贴的广告橱窗呢？你的方向和宗旨又如何与当代社会走向、学术方向相呼应相契合呢？我认为，这是必须要明确的问题。

“封闭性”的另外一面，是对刊物内部而言，缺乏对话和交流机制。这也是这个时代的学术通病之一，现在召开学术研讨会、作品讨论会，既不“研”也不“讨”，认真的人在念论文，随意的人则信口开河，更重要的是每个人讲完了，拍屁股走人，大家完全没有交流、没有讨论。（研讨会中还有一个重要风景是某些大佬，打飞的赶来，言不及义地发一通高论，“我还有事，先走了”，仿佛长官训话来了。）这样的风气在学术期刊也有直接反应，很少见到就某个问题形成对话、争论、辩难，只是你写你的文章，我发我的大作；有时候，哪怕刊物编者用心良苦，设置一些话题和专栏，以期形成话题聚焦，可还是会发现，彼此没有交流、碰撞，犹如隔得最近的对门邻居，各进各的门，连个招呼都不打。刊物就这样成为一潭死水。

我看到很多好的刊物，读者与编者的交流是畅通的，作者与读者的呼应是活跃的，作者与作者的思想碰撞是有力的。一篇好的文章出来，应当后续刊登各方面反响；一篇有活力的有创见的文章出来，应当能够带动某个话题的讨论，甚至引起不同的争论。这样，刊物才有了热烈的学术气氛和不衰的活力。即便是《学术集林》这种如此“严肃”的学术集刊中，也时而能见论争文字。如其卷十三，刊登邓广铭先生《再论〈辨奸论〉非苏洵所作——兼答王水照教授》，对章培恒和王水照的文章提出质疑。该刊卷十五，又刊王水照《再论〈辨奸论〉真伪之争》表达不同意见。王水照在文中说："我写那篇短文时，完全不知道邓先生的身体状况，及至在本刊上拜读到此文时，邓先生竟已归道山，读时感慨万千。邓先生是我素所景仰的学术前辈，特别在宋代文史研究上建树卓异，沾丐孳乳后学多多；时届九秩高龄，奋笔为文，具见献身学术的高尚风范，不能不令人肃然起敬。但另一方面，我又对他的教言仍未能涣然冰释，觉得'《辨奸论》绝非苏洵所作的问题'，并非已成定谳，可以'宣告结束'。这样，是否继续撰文，我颇为踌躇。但为尊重学术，也为尊重邓先生，谨将鄙见述出。因为对一位学者的最大尊重，莫过于认真研读他的著述，并真诚坦率地表示自己的感受，然而只能向广大学术界同好请教，而不能起先生于地下了。"这种襟怀、风范和精神，令人感佩，而刊物的这种讨论的机制，也是值得学习和效仿的。有时候，一石激起千重浪，可以激活一池春水。

学术期刊与学术繁荣实则是互为表里的，我盼望着，学术期刊能为学术繁荣发挥它的巨大作用，而学术繁荣又能以严谨、踏实、朴素的学风为学术期刊带来活力。我盼望着，我的这些不切实际的想法能够有实现的一天。

2019年8月11日凌晨于上海

后记

三月中旬的一天，夏春锦兄来微信要我给他一部稿子加盟“蠹鱼文丛”。我想到“蠹鱼文丛”最初出版时，春锦就向我约过稿，我一直没有履行诺言，这次得表现得好一点，以不辜负他的美意。于是，便动手把近年来谈文人旧事的长长短短的稿子搜集起来，编排目次，并写下一段内容简介：本书内容正如书名所示，是“闲话文人旧事”，而着眼于“老派”，意在从他们这些生活、写作的细节、琐事中挖掘史料、发扬一种精神，这种精神是一种坚持、操守，是一种韧性和努力，是一种为了真理而追求、奋斗的勇气。谈旧事，有趣却不八卦，作者严格按照史料本身立论，不编撰和臆想，故所有史料均注明来源。话旧事，希望发掘新意，而不是炒冷饭。说旧事，其实与现实并不远，尤其是知识分子的精神、操守，也一直是公众和学界关注的话题，时光不能倒流，历史却可借鉴。

稿子编排得差不多，却没有马上交出。——有人常常让我们这些写字的人“随便”写点什么，对此，我不以为然。从写作状态上讲，写作不是小学生考试，当然不必正襟危坐、高度紧张，反倒“随便”、放松甚至逸兴飞扬才是常态。我写东西时也从不讲究，在书房的电脑前，躺在床上拿个写字板，地铁上、飞机上、会场中的手机里、笔记本上，只要想写都能写个不亦乐乎。这不是“随便”写，一字一句费思量，也都一笔一画认真写来。不必力透纸背，却都是生命的印迹。几年后，重读它们，我如同在翻阅自己的生命履历，那么多熟悉的风景，也有忘却了的记忆，看到一些歪歪斜斜的脚印忍不住还得修正一下，至少像阿Q一样，力争把那个圈画得更圆一点。过去的一个多月中，我都在对付这个“圆圈”。

写作是一件神奇的事情，“作者”常常有别人难以觉察的隐秘的欢乐。文章的字缝里不动声色含着一些情绪，在某个句子的背后表达着对一个特定的人的寄托，一篇文章里可能还套着另一个不为人知的故事……尽管，作者写的不是直抒胸臆的散文，或者像这本书中讲的都是别人的故事，但是，作者在背后挤眉弄眼，得意洋洋，或者是忧心忡忡，还是溜进了文字中，这些你都看出来了吗？倘若有读者读出来了，写作者不免顿有“知音”之感，他的幸福又增加了一倍。

我不敢冒充这些前辈文人的知音，虽然，多年来，我不断地读他们的书，仿佛跟他们成了进出一个弄堂的熟人。可是，他们的生命是一本很厚的大书，浅薄的目光难以穿透。因各种原因形成的隔膜、误读、一厢情愿一定存在，尽管，这绝不是我的本意。读他们的书，第一步，我想做到的就是了解和理解，而不是误解。本书所收的文字，和我三年前出版的《躺着读书》（海豚出版社2017年6月版）同属一类，它们都是我的读书笔记。近年来，我在重读他们的书，常有感动和欢喜也就随时写下一些感想，主要集中在对人的理解上。他们都是为文之人，人与文分不开，人与文的互读，让我对他们的文有了更深一层的理解，我认为它不再是我在学校的文学史课上所学的那些冰冷的名字和为备考而阅读的书目了。一个人，不可能是封闭，他必然与生活的环境和时代发生扯不断的关系，由人，我尝试走进他们的生活、走进他们的时代，也读了不少相关的书。这样，他们的作品，他们的身影，在我面前就立体起来，生动起来了，而我也常常躲在与他们“共进”下午茶的时光里自得其乐。

我很得意和得益于这种随笔的写作，我认为它比写论文带给我的束缚更少，更适合容纳“我”——写文章怎么能去掉“我”呢，它可不是做养鸡饲料，按照配方搅拌到一起就万事大吉——我特意附录了一篇文章，是为朱晓江兄主编的学报而写的，针对现在的学术文体和学术期刊格局的狭小，我表达了一些不满。

本来，在中国古人用笔记这种形式，什么山川风月，还是微尘小事，无不可信笔写来，这里要学术有学术，要情趣有情趣。现在这样的东西反而都等而下之了，有的人还睥睨钱锺书先生的《管锥编》《谈艺录》，认为不过散简碎篇，没有什么“体系”和理论。我想苦笑都笑不出，这么多年来，你用那滔滔万言的“巨著”又给了我们什么体系、怎样的理论呢？蒙着眼睛都能看出，不过是跟着西方某个大理论家的步子，把他们的框架搬过来，把你的那些破衣烂衫挂上去，这就叫您的体系和理论？我看与其这样费工夫，还不如老老实实读我的书，抄我的笔记，发几句牢骚，抒发一点感慨呢。卑之无甚高论，它们却是心灵的痕迹、情绪的微波，实在可感。我始终认为，不是理性的拥堵，而是感觉的丰富才是文学留给我们的最大一笔遗产。

编稿子，我的眼前还不时浮现很多亲切的身影。比如向来爱护我的家人们，每个夜晚陪我读书的两只狗狗，还有很多催生这些文字的朋友。我向来不大会主动投稿，都是朋友相约才写下一点东西，有些人是多年的老朋友，也有的一回生两回熟。感谢他们的信任和宽容，经常是不到最后一刻，我不交稿；到了最后一刻，我还常常拖稿。这个年头，笔耕，属于石器时代的古老工作，在日新月异中它尤为不合时宜，发表文字的载体和方式经常发生变化或越来越多样化，从业的编辑也是泥垒的营盘流水的兵。本书上编“同学少年”的稿子，是为作家笛安管的一个什么网站而写的，她有一次问我能不能写点什么“老人老事”。我想她的网站的读者可能都是年轻人，还是写一组老人们风华正茂时的少年事吧。本来还有很多题目，大学生活里，男男女女的种种好玩的事情，我还下载了不少《清华周刊》，里面也有很多那个时代学生们的各种活动。写着写着，笛安就不来催稿了，我自然乐得优哉游哉。后来遇到她，她解释，她“转型”了，又去做某某别的事情了。好吧。

中编“这也是生活”中的文字，多为广州一家报纸的小专栏上的文章。第一年，平安无事；到第二年，频繁地更换责任编辑，经常告诉我说：周老师，以后的稿子，你交给某某某……我也不问原因，遵命行事。直到也是过了好久，才想到，一是没有人来催稿，二是没有人来接力，告诉我又换给哪位责编了。怎么回事呢，我也不打听，反正稿子写不完，我又去写别的去了。后来，遇到一个熟人，说起来，才知道那个编辑部我认识的朋友差不多都调离了，不，是逃离了报社。这是报纸的末代王朝，王公大臣们飞鸟各投林，各奔各的前程。我很荣幸，居然又赶上一个“转型”。也有不信邪的，比如天津的《今晚报》，据说就增加了不少副刊——按说这倒也对，报纸在今天还能苟延残喘，绝对不是靠它的那些新闻版面，而恰恰是副刊。彭博兄隔三岔五会温柔地来约我写一点什么。说温柔，是他约完基本上好长时间不会来催，于是我也就没有动笔，收在下编中的几篇小文就是为他写的，因为间隔的周期太长，写得不勤快也不多。下编还有几篇（《文人的游戏》等），是从我的旧作《文人》中移来的，因为我想重编该书，只保留那些怀念文章，怀念的人基本上都是跟我有关系的，而这些短文还是我的读书笔记，理应归类一起。这些人，这些事，这些文字，就把我们的那些岁月带走了，回过头去，欣慰也有，怅惘更是难免，因为再也回不去了，尽管身在其中时，也过得懵懵懂懂，未必知道珍惜。

花开花落，桃花满野的时候春锦约的稿子，一晃，现在外面已经是石榴火红了。我也不知道在忙什么，反正每逢接到女干将周音莹催稿子的微信，仿佛只有忏悔，一定又是交晚了。既然晚了，得寸进尺，索性一晚再晚。说来我也冤枉，因为的确也没有闲着，我增补了几篇新写的稿子，对于旧稿按照惯例彻底地改了一遍，文字上的修改以外，有些新读到的史料等也增补进去了，这样，好像一本小书又变成无限的工程，倘若没有人来催稿的话。有一本书上说，“普鲁斯特会一遍遍地重写，每次重读自己的作品，他会觉得有些东西需要改动或补充”。——我的感受竟然跟普鲁斯特完全一样！普鲁斯特跟他的女管家阿尔巴雷解释道：“我想让我的作品成为某种文学的大教堂。这也就是为什么它从未完成。甚至当结构已完成，也总是需要进行某些装饰，开一扇彩绘玻璃窗，提供一个柱顶，再造一座小礼拜堂，在角落里放一尊小雕像。”（［美］西莉亚·约翰逊：《怪作家》第86页，宋宁刚译，广西师范大学出版社2019年2月版）文学的大教堂，莫非我也有这样的野心才如此拖沓？这倒是美妙无比的理由。不过，我可没有勇气讲出去。关键是，我也没有女管家啊，不然，我会对她说：“书终于编好了，你看，弄点什么好吃的吧。”

2020年6月2日零点四十分于竹笑居

转眼就到盛夏，感谢浙江古籍出版社以及本书的编辑孙科镂先生精心编排，细心审校，在如此短的时间里将拙稿付印。我们一起走过了这个特殊又难忘的春天，这本小书也算是一个纪念品吧。

2020年7月13日晨又记

“蠹鱼文丛”已出书目

《文苑拾遗》 徐重庆 著 刘荣华、龚景兴 编

《漫话丰子恺》 叶瑜荪 著

《浙江籍》 陈子善 著

《问道录》 扬之水 著

《潮起潮落：我笔下的浙江文人》 李辉 著

《苦路人影》 孙郁 著

《剪烛小集》 王稼句 著

《入浙随缘录》 子张 著

《越踪集》 徐雁 著

《立春随笔》 朱航满 著

《龙榆生师友书札》 张瑞田 编

《锺叔河书信初集》 夏春锦 等编

《容园竹刻存札》 叶瑜荪 编

《文学课》 戴建华 著

《木心考索》 夏春锦 著

《藕汀诗话》 吴藕汀 著 范笑我 编

《定庵随笔》 沈定庵 著

《次第春风到草庐》 韩石山 著

《学林掌录》 谢泳 著

《老派：闲话文人旧事》 周立民 著

《如看草花：读汪曾祺》 毕亮 著